아이를 식탁으로 부르는
캐릭터 유아식판식

아이를 식탁으로 부르는

캐릭터 유아식판식

아이가 가장 좋아하는 **귀여운 캐릭터 BEST 54**

· 오수정 지음

이덴슬리벨

프롤로그

"완벽하지 않아도
아이가 엄마의 정성을 느끼고 기뻐하면
그걸로 충분해요."

모든 엄마가 그렇겠지만 아이를 낳은 뒤 제게는 새로운 세상이 열렸어요. 내가 주인공이던 삶에서 아이를 위한 삶으로 달라졌어요. 하루의 가장 중요한 일과가 큰아이 원배의 밥을 챙겨주는 일이에요. 원배가 이유식을 끝내고 밥을 먹기 시작하면서 우연히 만들게 된 캐릭터 식판식이 너무 재밌어서 이제는 원배를 위해서가 아닌 저의 취미생활이 되었지요.

어려서부터 캐릭터를 워낙 좋아했고 일본에서 유학하던 시절에 예쁜 도시락 꾸미기 도구들을 보면서 '나중에 결혼하면 저렇게 도시락을 싸줘야지~' 하고 생각했어요.

제 캐릭터 요리의 시작은 주먹밥 틀에 밥을 넣고 김만 붙이면 되는 간단한 '곰돌이 주먹밥'이었는데 사진 속의 예쁜 곰돌이 모양이 쉽게 만들어지지 않더라고요. 한번 실패하고 난 후부터는 다시 만들어 볼 생각도 안 했어요. 그렇게 몇 년이 흘러 원배를 낳고 친구에게 식판을 선물받았어요. 고마운 마음에 예쁜 밥을 식판에 담아 친구에게 보여주고 싶어서 시작한 곰돌이 주먹밥. 지금 보면 많이 어설프지만 주먹밥을 본 원배가 정말 좋아하고 친구와 가족들도 예쁘다고 해줘서 뿌듯했어요. 그렇게 인스타그램을 시작하게 되고 매일매일 새로운 캐릭터 요리를 만들었어요.

캐릭터 요리의 장점은 아이들이 밥상에 관심을 갖는다는 거예요. 예전엔 쫓아다니며 밥을 먹였는데 이제는 아이가 흥미를 느끼며 식탁에 앉아 밥을 먹어요. 심지어 가끔은 원배가 먼저 "엄마 오늘은 ○○○ 만들어 주세요" 하고 주문하기도 해요.

　　인스타그램에 올린 사진을 보며 많은 분이 제게 금손이라고 칭찬해 주시고, 난 아이에게 이렇게 못 해준다고 자책(?)하는 분도 많았어요. 그런데 전 정말로 금손도 아니고 보이는 것처럼 원배한테 잘해주지도 못해요.
　　캐릭터 요리는 하다 보니 늘더라고요. 예전 사진을 보면 많이 어설퍼요. 지금도 부족하지만 하다 보면 조금씩 스킬이 생기는 거 같아요. 처음엔 잘 모르니 주먹밥 도구도 많이 샀어요. 그런데 꼭 도구가 없어도 집에 있는 빨대, 가위만으로도 만들 수 있다는 걸 알게 돼요. 내 아이에게 주는 음식인데 다들 같은 마음으로 준비하잖아요. 완벽하지 않아도 아이가 엄마의 정성을 느끼고 기뻐하면 그걸로 충분해요.
　　이렇게 캐릭터 식판식을 만들다 보니 좋은 기회가 생겨 잡지사, 신문사 등과 인터뷰를 하고 원배 식단을 알리게 되고, 감사하게도 책까지 쓰게 되었어요. 정말 생각지도 못한 일이에요. 아이를 위한 일이라고 생각했는데 어찌 보면 저를 위한 일이더라고요.
　　둘째를 임신하고 책 제의를 받아 고민하다가 저와 아이들에게 좋은 추억이 되겠다 싶어 결심했어요. 역시 생각만큼 힘들었어요. 어린 승배를 데리고 작업하는 것이 보통 일이 아니었어요. 그 힘든 시간 동안 주변에서 얼마나 저를 위해 주는 사람이 많은지 깨달았어요. 작업 내내 저보다 더 고생한 우리 엄마, 촬영 때마다 멀리서 새벽부터 달려와 준 혜원언니, 항상 뒤에서 묵묵히 도와주는 남편, 응원해 주는 가족과 친구들…. 그리고 책 소식을 기다려 주신 많은 인친님들 너무너무 감사합니다!

오수정

CONTENTS

프롤로그 ...4

BASIC
01 한 번 사면 두고두고 쓰는 도구 ...12
02 예쁘고 건강에도 좋은 재료 ...14
03 예쁘게 재료 자르기 ...16
04 건강한 재료로 알록달록 색깔밥 만들기 ...18
05 계량하기 ...20
06 내 아이만을 위한 멋진 이니셜 만들기 ...21

PART 1
초보 엄마도 쉽게 만드는 캐릭터 식판식

01 펭귄 ...26

02 커트러리 ...30

03 식빵 ...33

04 해님 ...38

05 달팽이가족 ...42

06 기린 ...47

07 구름과 비 ...50

08 쥐 ...55

09 아보카도 ...58
10 별똥별 ...62
11 DJ 식판 ...67
12 아스파라거스나무 ...72

13 실로폰 ...76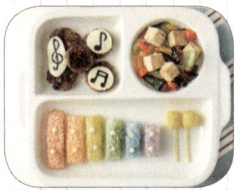
14 아이스크림 ...79
15 페파피그 ...82
16 닭과 병아리 ...85

17 손목시계 ...88
18 고래 ...92
19 고양이 ...96
20 파인애플 ...100

PART 2

아이의 눈과 입을 즐겁게 할 캐릭터 식판식

01 스타워즈 ...108
02 벌과 꽃 ...114
03 오리가족 ...118
04 여우 ...124

05 원숭이 ...128   06 뽀로로 ...130   07 플라밍고 ...136   08 타요버스 ...141

09 유니콘 ...144   10 코끼리 ...150   11 한복 입은 라이언 ...153   12 공룡 ...158

13 다람쥐 ...162   14 메리 포핀스 ...166   15 크리스마스 ...169

PART 3

한 그릇 뚝딱, 캐릭터 요리

01 하트펭귄 ...178   02 쿵푸팬더 ...182   03 토끼도넛 ...186   04 골프장 ...192

05 레고 ...195
06 피카츄 ...198
07 사자국수 ...201
08 단호박파스타 ...204

09 티거 ...208
10 마이멜로디소바 ...212

PART 4
아이와 함께 만드는 캐릭터 베이킹 & 간식

01 쿠키와 브라우니 ...220

02 마들렌 ...228
03 얼굴쿠키 ...234
04 루돌프쿠키 ...238
05 무지개요거트 ...240

06 스누피토스트 ...242
07 칩 앤 데일 샌드위치 ...246
08 산리오도시락 ...249
09 눈사람 ...254

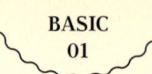

BASIC 01

한 번 사면 두고두고 쓰는 도구

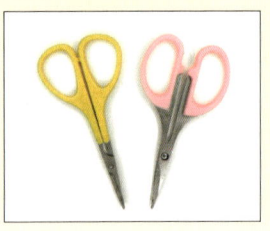

가위
주로 김을 자를 때 사용합니다. 가위가 작아야 정교하게 자를 수 있어요.

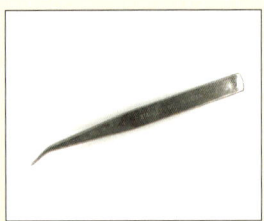

핀셋
작은 재료를 집을 때 필요한 도구입니다. 캐릭터의 작은 부분을 만들어 붙일 때 사용하면 정확하게 만들 수 있어요.

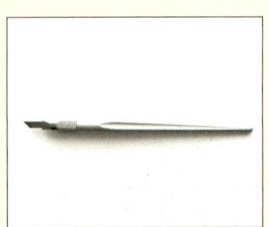

조각칼
가위로 자를 때보다 더 정교하게 자를 수 있습니다. 채소나 김, 지단 등을 모양 있게 자를 때 사용해요.

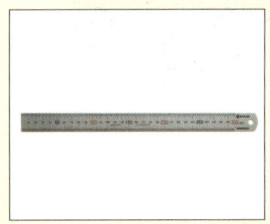

자
김을 직선으로 곧게 자를 때 자를 대고 조각칼로 자르면 편합니다.

고명 틀
여러 가지 모양과 크기의 틀이 나와 있어 치즈나 채소 등을 쉽게 잘라 캐릭터 식판식을 꾸밀 수 있습니다. 베이킹 도구 판매하는 곳에서 구입할 수 있어요.

쿠키커터
고명 틀과 비슷한데 크기가 좀 더 크고 훨씬 모양이 다양합니다. 쿠키를 구울 때는 물론 치즈나 채소 등을 모양 있게 자를 때도 사용합니다. 베이킹 도구 판매하는 곳에서 구입할 수 있어요.

김펀치
캐릭터 요리에서 가장 힘든 부분이 눈, 코, 입 등 얼굴 표정을 세밀하게 표현하는 거예요. 김펀치를 이용하면 손쉽게 웃는 표정, 곰돌이 얼굴 등을 표현할 수 있습니다. 가위로 자르는 게 힘들면 김펀치를 사용해 여러 가지 표정을 만들어 보세요. 여러 종류의 김펀치가 있답니다.

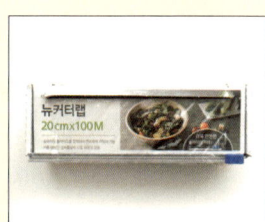

랩
밥을 싸서 모양을 잡을 때 유용하고 밥이 마르지 않게 하는 역할도 합니다.

김발
김밥을 말 때도 사용하지만 달걀말이를 만들어 원하는 모양으로 고정시킬 때도 유용하게 쓰입니다.

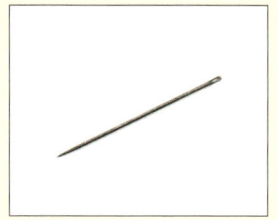

바늘
치즈를 자를 때 바늘로 그림 그리듯이 쓱 지나가 주면 치즈가 쉽게 잘립니다. 이쑤시개로 잘라도 되지만 좀 더 정교하게 자를 수 있어요.

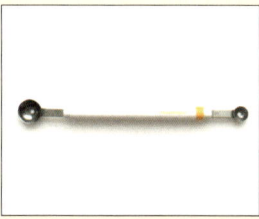

과일볼러
과일을 동그랗게 파서 예쁘게 장식할 수 있어요.

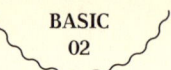

예쁘고 건강에도 좋은 재료

스파게티면, 파스타면, 소면, 푸실리
면을 기름에 살짝만 튀기면 갈색으로 변하는데, 원하는 색으로 튀겨서 수염이나 머리카락 등으로 표현할 수 있습니다. 푸실리(꼬불꼬불 돌돌 말린 나사 모양 파스타면)를 튀겨 루돌프의 뿔을 만들기도 했어요. 또 면을 삶아서 꼬리나 가는 줄을 표현할 수도 있어요.

김
캐릭터 요리를 할 때 가장 기본 재료입니다. 김을 잘라 눈, 코, 입 등을 만들기도 하고 테두리나 검정색을 표현할 때도 유용하게 쓰입니다. 김으로 밥을 싸서 모양을 만들기도 해요. 김은 김밥용 김으로 두 번 구운 김을 사용하면 도톰해서 잘 찢어지지 않고 자르기도 편합니다.

치즈
캐릭터의 눈을 표현할 때 좋고, 밥 주변에 여러 가지 모양으로 꾸밀 때도 좋습니다. 바늘로 쉽게 모양을 내서 자를 수 있고 글씨도 쓸 수 있습니다. 노란 치즈와 하얀 치즈를 캐릭터에 맞게 사용하세요.

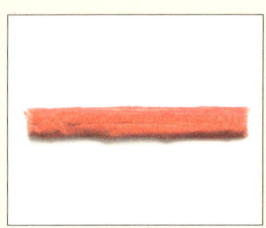

맛살
주로 빨간 부분을 사용합니다. 살살 뜯으면 맛살의 흰 부분과 빨간 부분을 쉽게 분리할 수 있습니다. 캐릭터의 빨간 볼이나 입, 꽃 등을 표현할 때 씁니다.

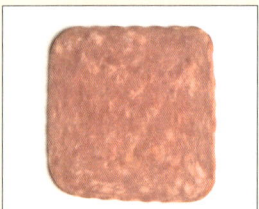

슬라이스 햄
캐릭터 요리에서 분홍색을 표현할 때 사용합니다. 캐릭터의 핑크빛 볼이나 입, 얼굴, 꽃 등을 만들 때 씁니다.

가지
껍질만 얇게 깎아 김 대신 사용할 수 있습니다. 김은 시간이 지나면 수축되는데 가지는 모양이 그대로 잡혀 있어서 좋습니다.

검은깨
아주 작은 캐릭터의 눈이나 작은 점을 표현할 때 좋아요.

지단
노란색과 초록색으로 만들어 여러 가지 모양으로 잘라 장식할 수 있습니다.

<노란 지단과 초록 지단 만들기>

재료

달걀, 시금치, 올리브오일

만드는 법

1. 팬에 오일을 두르고 키친타월로 닦은 후 고루 푼 달걀물을 부어 약불에서 앞뒤로 잘 부치면 노란 지단이 만들어져요.
   - 달걀물을 체에 한번 걸러 주면 더 부드러운 지단을 만들 수 있어요.
2. 믹서에 달걀물과 시금치를 넣고 갈아요.
   - 색깔을 봐가며 시금치 양을 조절하세요.
3. ①과 같은 방법으로 초록 지단을 부쳐요.

BASIC 03

예쁘게 재료 자르기

1. 채소 자르기

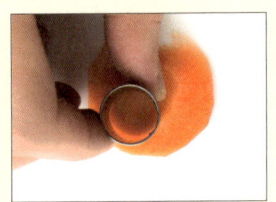

① 모양 틀로 찍기
채소를 얇게 잘라 모양 틀로 찍어요.

② 칼로 자르기
원하는 모양을 칼로 조각하듯 자릅니다.

2. 맛살, 슬라이스 햄 자르기

① 모양 틀로 찍기
모양 틀로 찍어서 잘라요.

② 칼로 자르기
직선으로 자를 때 칼로 하면 쉽게 자를 수 있어요.
또는 맛살의 빨간 부분만 살살 벗겨 사용하기도 해요.

3. 김 자르기

① 김펀치로 자르기
김펀치에 김을 끼우고 누르면 간단하게 김을 자를 수 있어요.

② 가위로 자르기
김펀치에 없는 모양이나 크기로 자를 때 가위를 사용해요.

③ 조각칼로 자르기
직선으로 자를 때 자를 대고 조각칼로 자르면 똑바로 자를 수 있어요.

4. 치즈 자르기

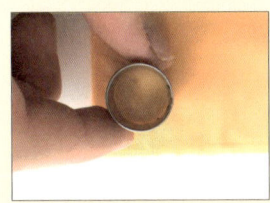

① 모양 틀로 찍기
쿠키커터나 고명 틀로 찍으면 쉽게 자를 수 있어요.

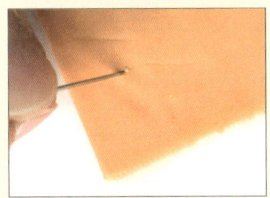

② 바늘이나 이쑤시개로 자르기
원하는 모양의 틀이 없으면 바늘로 그림 그리듯 잘라 주세요.

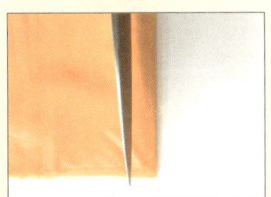

③ 칼로 자르기
직선으로 자를 때 칼로 하면 쉽게 자를 수 있어요.

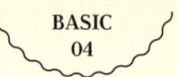

건강한 재료로
알록달록 색깔밥 만들기

붉은색
케첩: 밥에 케첩을 조금 섞으면 사람의 피부색을 표현할 때 좋아요.
(케첩을 너무 많이 넣으면 밥이 뭉쳐지지 않으니 적당히 넣어 주세요.)

분홍색
비트, 비트가루: 생 비트를 갈아서 즙을 내어도 좋고 비트가루를 사용해도 됩니다. 비트의 색이 진하기 때문에 밥에 조금씩 넣어가며 원하는 색을 만들어요.

노란색
삶은 달걀노른자: 노른자를 으깨어 밥에 섞으면 밝은 노란색을 만들 수 있어요.

단호박가루: 밥에 단호박가루를 섞으면 쉽게 노란색을 만들 수 있어요(단호박 향이 강하니 조금만 넣어 색을 내 주세요).

카레가루: 카레가루와 밥을 섞으면 진한 노란색을 낼 수 있어요(카레의 맛과 향이 강하니 양을 잘 조절해 사용하세요).

색을 낼 때 재료가 밥과 잘 섞이지 않으면 참기름이나 마요네즈를 조금 넣고 섞어 주세요. 밥을 너무 많이 조몰락거리면 떡처럼 찐득찐득해지니 빠르게 잘 섞어 주세요.

초록색
시금치, 시금치가루: 시금치를 갈아서 즙을 내거나 시금치가루를 사용해 밥에 섞어 초록색 밥을 만들어요.

파란색
청치자가루: 청치자가루는 색이 진해서 아주 조금만 밥에 섞어도 예쁜 파란색 밥을 만들 수 있어요.

보라색
자색고구마가루: 밥에 자색고구마가루를 섞어 예쁜 보라색 밥을 만들어요.

갈색
간장, 굴소스: 간장이나 굴소스를 밥에 섞어 갈색 밥을 만드는데, 너무 많이 넣으면 짜기 때문에 적당히 넣어 주세요.

검은색
검은깨: 검은깨를 갈아서 밥에 섞어 검은색 밥을 만들어요. 고소해서 맛도 좋아요.

BASIC 05
계량하기

가루 | 설탕, 소금 등 가루로 된 재료를 계량할 때

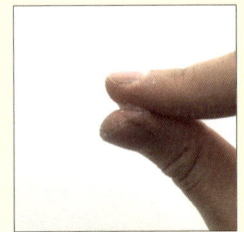

1큰술: 밥숟가락으로 수북하게 가득 담아요.

1/2큰술: 밥숟가락의 절반이에요.

1꼬집: 가루 재료를 엄지와 검지 끝으로 꼬집듯이 한 번 잡은 양이에요.

액체 | 간장, 식초, 오일 등 액체로 된 재료를 계량할 때   **다진 마늘**

1큰술: 밥숟가락 가득히 찰랑이게 담아요.

1/2큰술: 밥숟가락의 테두리가 보일 정도로 담아요.

1작은술: 티스푼으로 가득한 술이에요.

1/2작은술: 티스푼의 절반이에요.

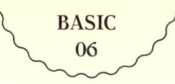

내 아이만을 위한 멋진 이니셜 만들기

재료

단단한 채소(당근, 무, 애호박, 비트 등), 이니셜 커터

만드는 법

1. 애호박의 껍질 부분을 칼로 얇게 깎습니다. 다른 채소들은 단면을 그대로 잘라서 사용하면 됩니다.

2. ①에 이니셜 커터로 찍어 이니셜을 만듭니다. 커터에서 뺄 때 면봉으로 밀어 주면 자국이 남지 않고 쉽게 빼낼 수 있어요.

· COOKING CLASS ·

PART 1

초보 엄마도 쉽게 만드는 캐릭터 식판식

Part 1   01

Penguin

펭귄

멸치볶음

재료

멸치 50g, 간장 1큰술, 올리고당 2큰술, 참기름 1큰술, 통깨 1큰술, 잣 2큰술, 검은깨 1큰술

만드는 법

1. 기름 두르지 않은 팬에 멸치를 넣고 볶아 수분을 날립니다.
2. 다른 팬에 간장, 올리고당, 참기름을 넣고 바글바글 끓입니다.
3. ②가 보글보글 끓어오르면 ①의 멸치를 넣고 빠르게 볶습니다.
4. ③에 통깨, 잣, 검은깨를 넣은 후 고루 섞습니다.

잣 대신 아몬드, 호두, 해바라기씨 등 좋아하는 견과류를 넣으면 돼요.

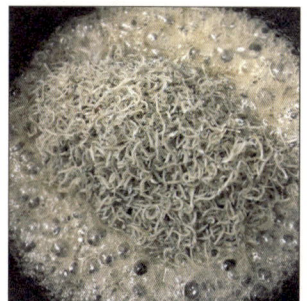

펭귄

재료

밥 1공기, 김, 하얀 치즈, 당근

만드는 법

1. 밥 1공기를 절반씩 랩에 싸서 동그랗게 모양을 만듭니다.
2. 종이에 펭귄 얼굴 모양을 그린 후 김에 대고 조각칼로 자릅니다.
3. ①의 밥에 ②의 김을 올려 펭귄 얼굴을 만듭니다.

TIP 김 테두리에 가위집을 넣으면 쉽게 쌀 수 있어요.
랩에 꽁꽁 싸 두면 김과 밥이 깨끗하게 붙어요.

4. 김으로 펭귄의 눈을, 당근으로 입을 만들어 ③의 밥 하나에 붙입니다.
5. 다른 한 개의 밥은 김으로 완전히 감싸 줍니다.

TIP 이것도 김에 가위집을 내 감싼 후 랩으로 싸 두세요.

6. 김으로 눈동자를, 하얀 치즈로 눈을, 당근으로 입을 만들어 ⑤에 붙여 완성합니다.

커트러리

Cutlery

◦ 커트러리

재료

잡곡밥, 하얀 치즈, 김, 슬라이스 햄

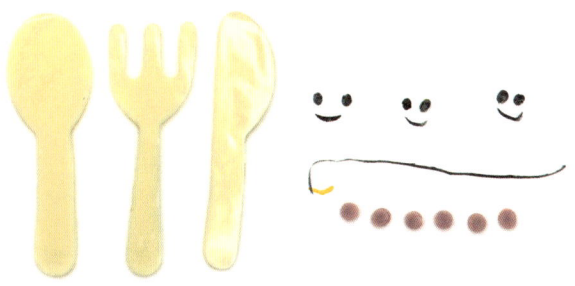

만드는 법

1. 그릇에 잡곡밥을 얇게 펼쳐 담습니다.
2. 스푼, 포크, 나이프 모양의 쿠키커터로 하얀 치즈를 찍어 모양을 만듭니다.

> **TIP** 쿠키커터가 없으면 종이에 스푼, 포크, 나이프 모양을 그린 후 치즈에 대고 종이를 따라 바늘로 자르세요.

3. 김으로 눈과 입, 배꼽을 만들고, 슬라이스 햄으로 볼을 만들어 ②의 치즈에 붙입니다.
4. ③을 ①의 잡곡밥 위에 올립니다.

아스파라거스 베이컨말이

재료

아스파라거스 2줄, 베이컨 2줄

만드는 법

1. 아스파라거스의 딱딱한 밑동을 자른 다음 끓는 물에 30초 정도 살짝 데쳐 줍니다.
2. 데친 아스파라거스는 찬물에 헹궈 물기를 제거한 후 베이컨으로 돌돌 말아 줍니다.
3. 달군 팬에 ②를 넣고 앞뒤로 노릇노릇하게 굽습니다.

TIP 이때 베이컨의 매듭 부분이 밑으로 가게 해서 구워야 베이컨이 풀리지 않아요.

Bread

식빵

˚식빵

___
재료

밥 1/2공기, 굴소스 1/3큰술, 참기름 조금, 김, 슬라이스 햄

___
만드는 법

1. 밥에 굴소스와 참기름을 섞어 먹음직스러운 갈색이 되게 합니다.
2. ①의 밥을 랩으로 싸서 식빵 모양을 만든 후 랩을 벗겨냅니다.
3. 김으로 눈과 입을 만들고, 슬라이스 햄으로 볼을 만들어 ②에 붙입니다.
4. 식빵 모양 밥의 볼록한 윗부분에 굴소스를 얇게 펴 발라 식빵의 테두리를 표현합니다.

달걀프라이

재료

밥 1/2공기, 삶은 달걀노른자, 참기름, 김, 슬라이스 햄

만드는 법

1. 준비한 밥의 반에 삶은 달걀노른자와 참기름을 섞어 노란색 밥을 만듭니다.
2. ①을 랩에 싸서 동그랗게 모양을 만든 후 살짝 눌러 달걀노른자 모양을 만듭니다.
3. 남은 하얀 밥을 랩으로 싸서 달걀프라이의 흰 부분을 만듭니다.
4. ③ 위에 ②를 올립니다.
5. 김으로 눈과 입을 만들고, 슬라이스 햄으로 볼을 만들어 ④의 노른자 부분에 붙이면 완성입니다.

LA갈비

재료

LA갈비 3줄, 대파 1/2대, 배 1조각, 양파 1/2개, 간장 2큰술,
참기름 1작은술, 다진 마늘 1작은술, 설탕·후춧가루 조금씩

만드는 법

1. LA갈비를 찬물에 2시간 정도 담가 핏물을 뺍니다. 중간에 두세 번 물을 갈아 주세요.
2. 대파, 배, 양파와 모든 양념을 믹서에 넣고 곱게 갑니다.
3. ②를 면보에 싸서 꼭 짜 줍니다.

TIP 양념이 덩어리져 있으면 구울 때 쉽게 타기 때문에 곱게 간 다음 면보에 짜서 국물만 사용해요.

4. ①에 ③의 양념을 넣고 재워 냉장고에서 1시간 이상 숙성시킵니다.
5. 팬에 양념한 LA갈비를 올려 중불에서 노릇노릇하게 구워 줍니다.

Part 1
04
Sun
해님

해님

재료

밥 1공기, 삶은 달걀노른자, 참기름, 김, 맛살

만드는 법

1. 밥에 삶은 달걀노른자와 참기름을 섞어 노란색 밥을 만듭니다.
2. ①의 밥을 조금 떼어 두고 나머지 밥으로 반원 모양을 만듭니다.

> **TIP** 이때 원형 틀이나 컵을 이용해서 모양을 잡아 주면 쉬워요.

3. 조금 떼어 둔 밥을 얇게 말아 햇살 5줄을 만듭니다.
4. 김으로 눈과 입을 만들고, 맛살로 볼을 만들어 해님에 올려 줍니다. 햇살 5줄을 해님 가장자리로 붙여 줍니다.

삼겹살데리야끼구이

재료

삼겹살 1/2줄, 다진 마늘 1/2작은술, 데리야끼소스 1큰술

만드는 법

1. 삼겹살을 한 입 크기로 자릅니다.
2. ①에 다진 마늘과 데리야끼소스를 넣고 고루 버무린 다음 30분 이상 냉장고에서 숙성시킵니다.
3. 달군 팬에 ②를 넣고 노릇노릇하게 굽습니다.

Part 1
05

Snail's Family

달팽이 가족

굴전

재료

굴 1봉지(약 150g), 부침가루 2큰술, 달걀 1개, 올리브오일 조금

만드는 법

1. 굴은 굵은 소금을 푼 물에 흔들어 씻은 후 체에 밭쳐 물기를 뺍니다.
2. ①에 부침가루를 가볍게 묻힙니다.
3. 곱게 푼 달걀물에 ②를 넣고 골고루 달걀옷을 입힙니다.

TIP 달걀물에 파프리카나 파를 다져서 넣으면 더욱 먹음직스러워요. 굴 자체가 간간해서 따로 간하지 않았어요. 짭조름하게 먹고 싶다면 달걀물에 소금을 조금 넣으세요.

4. 달군 팬에 오일을 넉넉히 두르고 ③을 넣어 노릇노릇하게 부칩니다.

애호박전 만드는 방법과 같아요. 154쪽을 참고하세요. ^^

소고기무국

재료

무 100g, 국거리용 소고기 100g, 대파 1/3대, 다진 마늘 1/2작은술,
참기름 1큰술, 소금 조금, 물 700ml 정도

만드는 법

1. 무는 나박썰기 하고, 소고기는 한 입 크기로 썰고, 대파는 어슷하게 썰어 준비합니다.
2. 소고기는 찬물에 한 번 헹군 후 핏물을 뺍니다.
3. 냄비에 참기름을 두르고 ②의 소고기를 볶다가 무를 넣고 같이 볶습니다.
4. 무가 투명하게 익으면 물을 붓고 센불에서 끓입니다. 한소끔 끓어오르면 다진 마늘과 대파를 넣고 중약불로 줄여 국물이 충분히 우러나게 끓입니다. 소금으로 간을 맞추세요.

| 1 | 2 |
| 3 | 4 |

달팽이가족

재료

밥 1공기, 자색고구마가루, 간 당근, 시금치즙, 참기름, 김, 도시락픽

만드는 법

도시락을 꾸밀 때 사용하는 도시락픽이 없으면 치즈로 눈을, 김으로 눈동자를, 빨간 파프리카로 코를 만들어 붙여 주세요. 도시락픽은 검색하면 여러 쇼핑몰에서 팔고 있어요.

1. 밥에 자색고구마가루와 참기름을 섞어 보라색 밥을, 곱게 간 당근과 참기름을 섞어 주황색 밥을, 시금치즙과 참기름을 섞어 초록색 밥을 만듭니다.
2. 흰밥을 랩으로 싸서 달팽이 몸통 모양을 3개 만들고, 각 색깔 밥을 동그랗게 만들어 달팽이집을 만듭니다.
3. 김을 가늘게 잘라 달팽이집에 빙글빙글 돌려가며 붙입니다.
4. 몸통 3개에 달팽이집을 각각 붙이고 얼굴 쪽에 눈, 코 모양의 도시락픽을 꽂습니다.

Giraffe

기린

기린

재료

밥 1공기, 달걀 1개, 노란 치즈, 하얀 치즈, 김, 당근, 검은깨

만드는 법

1. 반숙으로 달걀프라이를 합니다.
2. ①을 동그란 틀로 잘라 테두리를 깔끔하게 정리합니다.

TIP 틀이 없다면 컵을 대고 지저분한 가장자리를 칼로 잘라도 돼요.

3. 당근으로 기린 무늬를 만들고, 노란 치즈로 귀, 뿔, 꼬리를 만듭니다. 하얀 치즈로 뿔 장식과 눈, 입 주변을, 김으로 눈동자, 입, 꼬리털을 만들고, 검은깨로 코를 붙입니다.

두부구이

재료

두부 1/2모, 들기름 2작은술, 소금 조금

만드는 법

1. 키친타월에 두부를 올려 물기를 뺀 다음 소금을 뿌려 간합니다.

   TIP 소금을 뿌리면 간도 되지만 두부가 단단해져서 모양을 살려서 굽기가 편해요.

2. 달군 팬에 들기름을 두르고 중불에서 두부를 노릇노릇하게 부칩니다.

간장 1큰술, 참기름 1큰술, 통깨 1작은술을 섞은 양념 간장을 만들어 구운 두부에 뿌리거나 찍어서 드세요.

Cloud & Rain

구름과 비

˚구름과 비

재료

밥 1공기, 비트가루, 긴 당근, 단호박가루, 시금치습, 정지자가루, 자색고구마가루, 참기름, 김, 슬라이스 햄, 검은깨

만드는 법

1. 밥 1/2공기를 랩에 싸서 구름 모양으로 만듭니다.
2. 나머지 밥을 6등분한 후 가루 재료와 참기름을 넣어 분홍, 주황, 노랑, 초록, 파랑, 보라색 밥을 만듭니다.
3. 김으로 구름의 눈과 입을 만들고, 슬라이스 햄으로 볼을 만듭니다.
4. ①에 ③의 눈과 입, 볼을 올려 구름을 완성합니다.
5. ②의 색깔 밥을 각각 랩으로 싸서 빗방울 모양을 만듭니다.
6. ⑤에 검은깨로 눈을 붙여 물방울을 완성합니다.

흑임자연근샐러드

재료

연근 1개, 어린잎채소 1줌, 식초 1큰술, 소금 1작은술

드레싱 :

검은깨 4큰술, 마요네즈 4큰술, 레몬즙 1큰술, 올리고당 1큰술, 소금 1꼬집, 우유 1큰술

만드는 법

1. 연근은 필러로 껍질을 벗겨 씻은 후 0.3mm 두께로 썰어 둡니다.
2. 식초와 소금을 넣고 끓인 물에 ①의 연근을 넣어 3분 정도 아삭하게 데칩니다.
3. ②를 찬물에 헹군 후 체에 밭쳐 물기를 뺍니다.
4. 어린잎채소도 깨끗이 씻은 후 체에 밭쳐 물기를 뺍니다.
5. 검은깨는 미니 절구에 갈아 둡니다.
6. 핸드믹서에 드레싱 재료를 모두 넣고 고루 섞어 줍니다.
7. 물기 뺀 연근에 드레싱을 넣어 잘 버무린 후 어린잎채소를 넣고 가볍게 섞어 줍니다.

미트볼

재료

미트볼(133쪽 참고), 토마토소스, 파르마지아노 레지아노 치즈(이탈리아 북부 파르마 지역의 대표 치즈), 오일 조금

만드는 법

1. 팬에 오일을 두르고 미트볼을 잘 구운 후 토마토소스를 넣고 살짝 졸여요.
2. ①에 파르마지아노 레지아노 치즈를 갈아서 올립니다.

미트볼 레시피는 뽀로로 함박스테이크에 있어요. 133쪽을 참고하세요. ^^

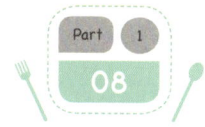

* Mouse *

쥐

쥐

재료

밥 1공기, 굴소스 1/2큰술, 참기름 조금, 김, 튀긴 소면, 슬라이스 햄, 삶은 스파게티면

만드는 법

1. 밥에 굴소스와 참기름을 섞어 갈색 밥을 만듭니다.
2. 갈색 밥을 랩으로 싸서 쥐의 얼굴과 귀 모양을 만듭니다.
3. 김으로 눈과 코를 만들고, 슬라이스 햄으로 귀 안쪽을, 삶은 스파게티면으로 꼬리를 만들어 올리고, 튀긴 소면으로 수염을 만들어 얼굴에 꽂아 줍니다.

부채살구이

재료

부채살 1장, 올리브오일·소금 조금씩

만드는 법

1. 부채살에 올리브오일을 앞뒤로 바르고 소금을 뿌려 간해 둡니다.
2. 달군 팬에 ①을 올리고 원하는 정도로 구운 후 먹기 좋게 잘라 줍니다.

 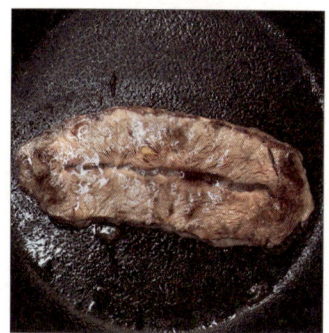

아보카도

◦ 새우버터구이

재료

새우 3마리, 버터 1큰술, 다진 마늘 1작은술, 소금·파슬리가루 조금씩

만드는 법

1. 새우는 머리와 껍질을 떼고 이쑤시개로 등 쪽의 내장을 빼낸 후 깨끗이 씻어 준비합니다.
2. 팬에 버터와 다진 마늘을 넣고 약불에서 버터를 녹입니다.
3. ②에 손질한 새우를 넣고 중불에서 앞뒤로 잘 구워 줍니다.

> **TIP** 새우가 간간해서 소금은 간을 본 후 부족하면 넣어 주세요.

4. ③에 파슬리가루를 솔솔 뿌려 줍니다.

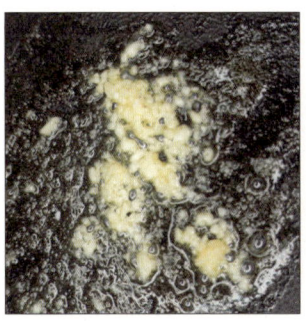  

∘아보카도

재료

밥 1공기, 단호박가루, 시금치즙, 굴소스, 참기름, 김, 민트잎

만드는 법
---

1. 밥 1공기를 4등분한 후 두 덩이에 단호박가루, 시금치즙, 참기름을 섞어 연두색 밥을 만듭니다.
2. 2개의 연두색 밥을 랩으로 싸서 아보카도 모양을 만들고, 손으로 가운데를 눌러 아보카도 씨 자리를 만듭니다.
3. 남은 밥 한 덩이에 시금치즙과 참기름을 섞어 초록색 밥을 만들어 랩으로 싼 후 손으로 눌러 납작하게 모양을 만듭니다.
4. ③을 칼로 잘라 아보카도 테두리를 만듭니다.
5. ②의 가장자리에 ④를 붙여 아보카도 껍질을 표현합니다.
6. 남은 밥 한 덩이에 굴소스와 참기름을 섞어 갈색 밥을 만들어 랩으로 싼 후 동그랗게 만들어 아보카도 씨 하나를 만듭니다.
7. 김으로 눈과 입을 만들어 아보카도에 붙입니다.
8. 완성된 아보카도 하나에 ⑥의 씨를 올리고, 다른 하나의 머리에 민트잎을 붙여 완성합니다.

별똥별

Falling Star

Part 1 · 10

◦ 새우 그린빈스 볶음

재료

새우 6마리, 그린 빈스 5줄, 올리브오일 1큰술, 소금 1꼬집

만드는 법
---

1. 새우는 머리와 껍질을 제거하고 이쑤시개로 등 쪽의 내장을 뺀 후 깨끗이 씻어 준비합니다.
2. 그린 빈스는 끝부분을 잘라 주고 3등분합니다.
3. 오일을 두른 팬에 그린 빈스를 넣고 소금을 뿌려 구워 줍니다.
4. ③에 새우를 넣고 굽다가 새우가 빨갛게 익으면 완성입니다.

TIP 담백한 맛을 위해 올리브오일에 구웠는데 버터에 구우면 고소하고 깊은 풍미를 즐길 수 있어요.

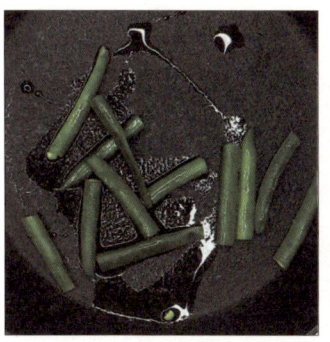 

별똥별

재료

밥 1공기, 삶은 달걀노른자, 비트즙, 시금치즙, 청치자가루, 참기름, 김, 당근

만드는 법

1. 밥 1/2공기에 삶은 달걀노른자와 참기름을 섞어 노란색 밥을 만듭니다.
2. ①을 랩으로 싸서 동그랗게 만든 후 납작하게 누릅니다.
3. ②를 별 모양 쿠키커터로 찍어 별 모양을 만듭니다.

TIP 쿠키커터가 없으면 손으로 별 모양을 만드세요.

4. 남은 밥을 3등분하여 참기름과 비트즙, 시금치즙, 청치자가루를 각각 넣고 분홍, 초록, 파란색 밥을 만듭니다.
5. ④를 각각 랩으로 싸서 길쭉하게 손으로 모양을 잡습니다.
6. 김으로 눈과 입을, 당근으로 볼을 만듭니다.
7. 별 모양에 ⑤를 붙이고 눈, 입, 볼을 붙입니다.

도라지볶음

재료

도라지 1줌(약 50g), 소금 조금, 대파 조금, 다진 마늘 1/2작은술, 참기름 1/2큰술, 통깨 1/2큰술

만드는 법

1. 도라지는 물에 2시간 정도 담가 쓴맛을 제거합니다.
2. ①의 도라지에 소금을 넣고 바락바락 문질러 씻은 후 체에 받쳐 물기를 빼 줍니다.
3. 달군 팬에 ②를 넣어 볶다가 잘게 썬 대파와 다진 마늘을 넣고 소금으로 간합니다.

TIP 이때 도라지가 잘 안 익으면 물을 조금 넣고 볶으세요.

4. ③에 참기름과 통깨를 뿌립니다.

DJ Food Tray

DJ 식판

∘DJ 식판

재료

밥 1공기, 달걀말이, 김, 맛살

만드는 법

1. 밥을 랩으로 싸서 동그랗게 얼굴을 만듭니다.
2. 두툼하게 자른 달걀말이 한 조각을 반으로 자릅니다.
3. ②의 달걀말이 위에 달걀말이보다 조금 작게 반원 모양으로 자른 김을 올려 선글라스를 만듭니다.
4. 김으로 입과 머리카락을 만들고, 맛살의 빨간 부분으로 볼을 만듭니다.
5. ①의 밥 위에 선글라스, 머리카락, 입, 볼을 붙여 얼굴을 완성합니다.

그린빈스 파프리카볶음

재료

그린 빈스 2줄, 노란 파프리카 1/4개, 빨간 파프리카 1/4개,
올리브오일 조금, 굴소스 1/2큰술, 소금 조금

만드는 법

1. 그린 빈스를 깨끗하게 씻은 후 양끝을 조금씩 자르고 반으로 자릅니다.
2. 파프리카를 그린 빈스와 같은 길이로 길쭉하게 채 썰어 줍니다.
3. 오일을 두른 팬에 그린 빈스를 넣고 소금을 조금 뿌려 볶습니다.
4. 그린 빈스가 어느 정도 익으면 노란 파프리카와 빨간 파프리카를 넣고 볶습니다.

> **TIP** 파프리카의 식감을 살리기 위해 살짝만 볶아 주세요.

5. ④에 굴소스를 넣고 잘 섞어 빠르게 볶습니다.

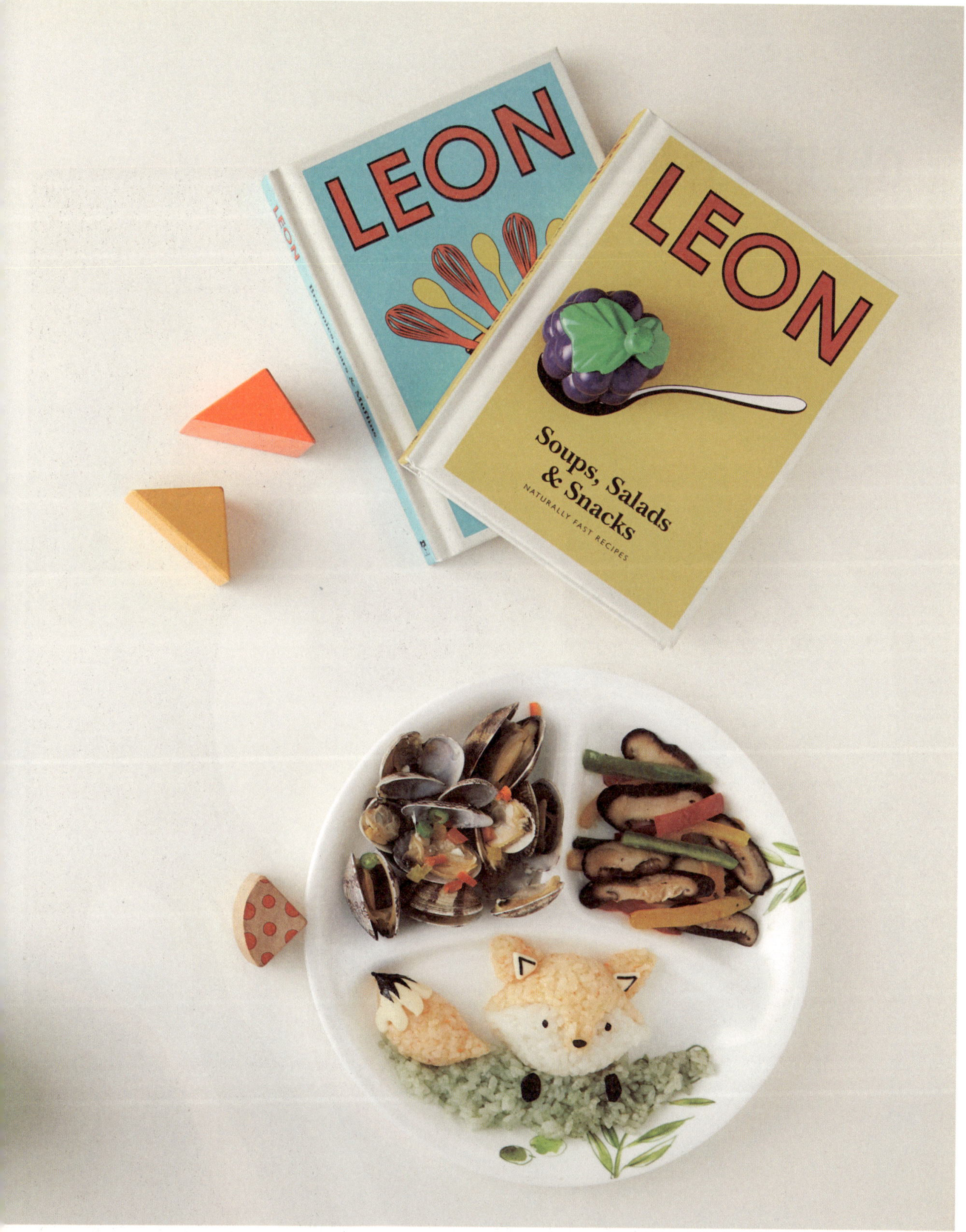
LEON
LEON
Soups, Salads & Snacks
NATURALLY FAST RECIPES

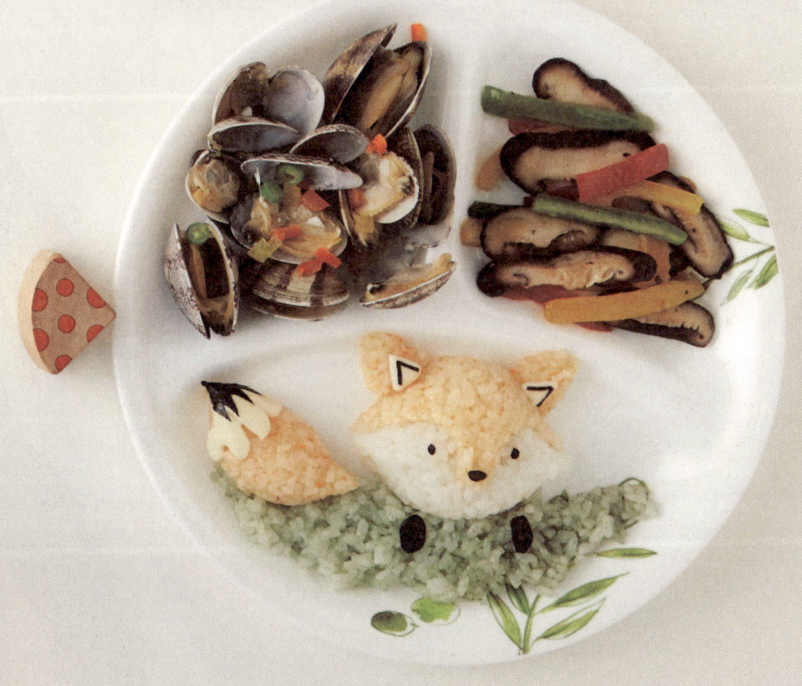

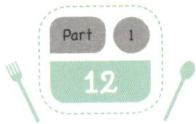

아스파라거스나무

◦아스파라거스나무

재료

아스파라거스, 튀긴 파스타면, 간장달걀밥

만드는 법

1. 아스파라거스는 끓는 물에 살짝 데친 후 머리 부분만 잘라냅니다.
2. 그릇에 간장달걀밥을 평평하게 펼쳐 담고 그 위에 아스파라거스와 튀긴 파스타면으로 나무 모양을 만들어 올립니다.

간장달걀밥

재료

밥 1공기, 달걀 1개, 간장 1큰술, 참기름 1작은술

만드는 법

1. 달걀은 반숙으로 프라이를 합니다.
2. 그릇에 모든 재료를 넣고 고루 섞어 줍니다.

TIP 간장은 종류에 따라 염도가 다르니 맛을 보고 적당량을 넣어 주세요.

불고기

재료

소고기 불고기감 200g, 마늘 1쪽, 양파 1/4개, 대파 1/4대, 배 1조각, 간장 2큰술, 참기름 1작은술, 통깨 1작은술, 후춧가루 조금

만드는 법

1. 소고기는 키친타월로 눌러 핏물을 제거합니다.
2. 배는 강판에 곱게 갈아 줍니다.
3. 마늘은 다지고 양파와 대파는 먹기 좋은 크기로 썰어 줍니다.
4. 소고기에 모든 재료를 넣고 버무린 후 냉장고에서 숙성시켰다가 볶아 먹습니다.

배는 육질을 부드럽게 해주는데, 배가 없다면 사과를 사용해도 좋아요. 버섯, 당근, 파프리카 등 냉장고에 있는 채소를 추가해도 맛있어요.

Xylophone

실로폰

실로폰

재료

밥 1공기, 케첩, 간 당근, 삶은 달걀노른자, 시금치즙, 청치자가루, 자색고구마가루, 참기름, 하얀 치즈

만드는 법

1. 밥 1공기를 적당히 6등분하여 각 재료와 참기름을 넣고 섞어 빨강, 주황, 노랑, 초록, 파랑, 보라색 밥을 만듭니다.
2. 색깔 밥을 랩으로 싸서 무지개 색 순서대로 크기가 작아지게 직사각형으로 만듭니다.
3. 노란색 밥은 동그랗게 두 개를 만들어 실로폰 채의 머리 부분을 만들고, 하얀 치즈를 길게 잘라 실로폰 채를 만듭니다.
4. 하얀 치즈를 길게 3줄을 잘라 그릇에 2줄로 이어 깔고 그 위에 ②의 밥을 순서대로 올립니다.
5. 하얀 치즈를 동그랗게 잘라서 실로폰의 이음새 부분을 표현합니다.

청경채 두부볶음

재료

청경채 1개, 노란 파프리카 1/2개, 빨간 파프리카 1/2개, 두부 1/2모,
올리브오일·소금 조금씩, 굴소스 1큰술, 참기름 1작은술

만드는 법

1. 청경채, 두부, 파프리카는 모두 한 입 크기로 자릅니다.
2. 두부는 깍둑썰기 한 후 키친타월에 올려 물기를 빼고 소금을 뿌려 단단하게 합니다. 팬에 오일을 두르고 두부를 노릇노릇하게 구워 줍니다.
3. ②에 손질해 둔 채소를 모두 넣고 빠르게 볶다가 굴소스와 참기름을 넣고 고루 섞어 줍니다.

Part 1

14

Ice Cream

아이스크림

아이스크림

재료

밥 1공기, 굴소스 1/2큰술, 참기름 조금, 단호박가루, 비트가루, 김, 비트, 초록 지단

만드는 법

1. 밥 1/2공기에 굴소스와 참기름을 섞어 갈색 밥을 만듭니다.
2. 갈색 밥을 랩으로 싸서 아이스크림 콘 모양을 만듭니다.
3. ②에 가늘고 길게 자른 김을 사선으로 붙여 콘 모양을 완성합니다.
4. 남은 밥을 두 덩이로 나눠 조금 더 많은 양의 밥에 비트가루와 참기름을 섞어 분홍색 밥을, 나머지 밥에 단호박가루와 참기름을 섞어 노란색 밥을 만듭니다.
5. ④의 밥을 랩으로 싸서 아이스크림 모양을 만듭니다.
6. 김으로 눈과 입을 만들어 분홍색 밥에 붙입니다.
7. 비트를 동그랗게 잘라 장식용 체리를 만들고, 초록 지단을 조금 잘라 체리 줄기를 만들어서 아이스크림 밥 위에 올립니다.

TIP 초록 지단 대신 초록색 채소를 잘라서 올려도 좋아요.

양송이치즈구이

재료

양송이버섯 3개, 노란 파프리카·빨간 파프리카·피망 조금씩, 피자치즈, 토마토소스 1큰술

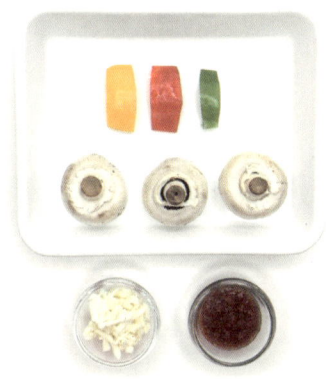

만드는 법

1. 양송이버섯은 깨끗이 씻은 후 밑동을 자릅니다.
2. 파프리카와 피망은 잘게 다집니다.
3. 토마토소스에 ②를 넣고 고루 섞어 줍니다.
4. ①의 양송이버섯 속을 ③으로 채운 후 피자치즈를 듬뿍 올립니다.
5. 180℃로 예열한 오븐에 ④를 넣고 치즈가 잘 녹을 때까지 구워 줍니다.

양송이버섯 속에 넣는 재료는 양파, 햄, 베이컨 등으로 다양하게 응용해 보세요. 팬에 좋아하는 재료를 가볍게 볶은 후 사용하면 돼요.

Part 1
15

Peppa Pig

페파피그

페파피그

재료

밥 1공기, 비트가루, 참기름, 빨간 파프리카, 분홍 소면, 하얀 치즈, 김, 가지 껍질, 맛살

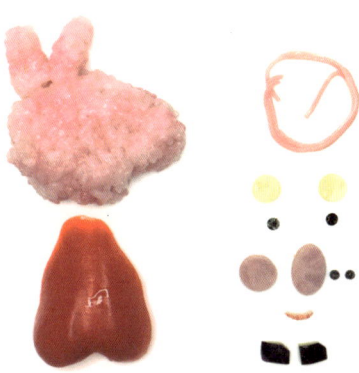

만드는 법

1. 밥 1공기에 비트가루와 참기름을 넣고 섞어 분홍색 밥을 만듭니다.
2. ①을 랩으로 싸서 얼굴과 귀 모양을 만듭니다.
3. 빨간 파프리카를 잘라 몸통을 만듭니다.
4. 하얀 치즈를 동그랗게 잘라 그 위에 김을 올려 눈을 만듭니다.
5. 슬라이스 햄으로 코와 볼을 만듭니다.
6. 맛살의 빨간 부분으로 입을 만듭니다.
7. 삶은 분홍 소면으로 팔과 다리를 만듭니다.
8. 가지 껍질을 잘라 신발과 콧구멍을 만듭니다.
9. 페파피그 얼굴 모양의 밥에 파프리카 몸통을 붙이고 팔과 다리, 신발을 붙여 줍니다.
10. 얼굴에 눈, 코, 입, 볼을 붙여 완성합니다.

데리야끼 치킨구이

재료

닭다리살 2장, 데리야끼소스 2큰술, 다진 마늘 1작은술

만드는 법

1. 닭다리살 정육을 깨끗이 씻어 준비합니다.
2. 데리야끼소스에 다진 마늘을 넣고 고루 섞어 줍니다.
3. 손질한 닭다리살에 ②의 소스를 넣고 버무린 후 1시간 이상 숙성시 킵니다.
4. 그릴에 ③을 올려 구워 줍니다.

Part 1

16

Hen & Chick

닭과 병아리

닭과 병아리

재료

밥 1공기, 삶은 달걀노른자, 참기름, 김, 빨간 파프리카, 슬라이스 햄, 당근, 하얀 치즈, 노란 치즈

만드는 법

1. 밥 2/3공기를 랩으로 싸서 닭의 몸통 모양을 만듭니다.
2. 남은 밥에 삶은 달걀노른자와 참기름을 섞어 노란색 밥을 만든 후 랩에 싸서 병아리 몸통을 만듭니다.
3. 빨간 파프리카는 하트 모양으로 잘라 닭 벼슬을 만듭니다.
4. 김으로 눈과 발, 병아리 머리카락을 만듭니다.
5. 당근은 타원형으로 잘라 부리를 만듭니다.
6. 슬라이스 햄은 동그랗게 잘라 볼을 만듭니다.
7. 하얀 치즈와 노란 치즈는 잘라서 날개를 만듭니다.
8. ①과 ②에 눈, 부리, 볼, 날개, 발, 벼슬, 머리카락을 붙입니다.

닭백숙

재료

닭 1마리, 양파 1개, 마늘 3쪽, 대파 1대, 소금 조금, 통후추 1작은술

만드는 법

1. 닭은 목, 꽁지, 날개 끝부분 등을 자른 후 깨끗이 씻어 줍니다.
2. 냄비에 닭, 양파, 통마늘, 크직하게 썬 대파, 통후추를 넣고 닭이 잠길 정도로 물을 부은 후 센불에서 끓여 줍니다.
3. ②가 보글보글 끓기 시작하면 약불로 줄여 1시간 정도 더 끓입니다.

TIP 이때 생기는 거품은 숟가락으로 걷어내세요.

4. ③의 닭이 푹 익으면 소금으로 간을 합니다.

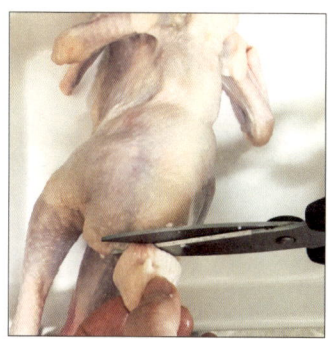 

Part 1
17
Watch
손목시계

표고버섯 파프리카볶음

재료

표고버섯 2개, 피망 조금, 빨간 파프리카 조금, 노란 파프리카 소금, 올리브오일 1큰술, 굴소스 1큰술

만드는 법

1. 표고버섯은 도톰하게 채 썰고, 피망과 파프리카는 길쭉길쭉하게 채 썰어 준비합니다.
2. 오일을 두른 팬에 표고버섯과 피망, 파프리카를 넣고 센불에서 빠르게 볶습니다.
3. ②에 굴소스를 넣어 간합니다.

TIP 굴소스 대신 소금과 참기름으로 간해도 맛있어요.

손목시계

재료

밥 1공기, 노란 지단, 초록 지단, 하얀 치즈, 김

만드는 법

1. 밥 1공기를 2등분한 후 랩으로 싸서 동그랗게 만듭니다.
2. 동그랗게 자른 하얀 치즈를 2개 준비합니다.
3. ②와 같은 크기로 치즈를 2개 더 자르고 그 안쪽을 동그랗게 잘라 링 모양을 만듭니다.

TIP 모양 깍지가 있다면 큰 깍지로 치즈를 먼저 찍고 그보다 조금 작은 깍지로 안쪽을 찍어서 링 모양을 만들면 간편해요.

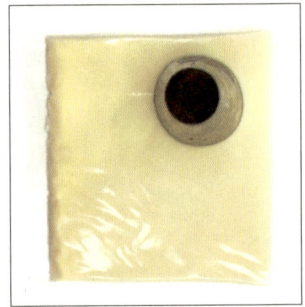 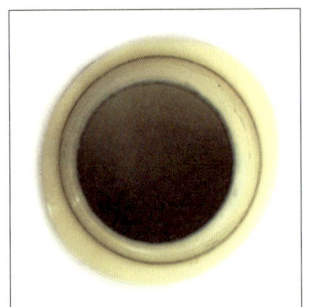

4. ②의 동그란 치즈에 링 모양 치즈를 올려 시계 틀을 만듭니다.
5. ④에 검은깨로 시계 숫자판을, 가늘게 자른 김으로 시곗바늘을 꾸밉니다.

 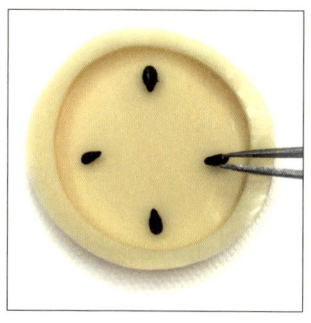 

6. 노란 지단과 초록 지단을 폭 2cm, 길이는 ①의 밥을 감쌀 정도로 자릅니다.
7. ⑥의 지단으로 ①을 감싼 후 다시 랩으로 싸 둡니다.

TIP 랩으로 싸 두면 지단이 밥에 잘 붙어요.

8. ⑦에 ⑤를 올려 손목시계를 완성합니다.

* Whale *
# 고래

◦ 고래

재료

밥 1공기, 김, 하얀 치즈

만드는 법

1. 밥을 랩으로 싸서 고래 모양을 만듭니다.
2. ①의 랩을 벗긴 후 김으로 전체를 감싸 줍니다.

TIP 이때 김 테두리에 가위집을 내 주면 좀 더 쉽게 감쌀 수 있어요.

3. ②를 다시 랩으로 싸서 단단히 고정시킵니다.
4. 하얀 치즈로 눈을, 김으로 눈동자를 만들어 ③에 붙여 고래를 완성합니다.

◦ 물줄기

재료

밥 1/2공기, 청치자가루, 참기름, 당근, 검은깨, 하얀 치즈

만드는 법

1. 밥에 청치자가루와 참기름을 섞어 파란색 밥을 만듭니다.
2. ①을 랩에 싸서 분수 모양으로 만듭니다.
3. 하얀 치즈는 물방울 모양으로 자릅니다.
4. 당근은 물고기 모양으로 자르고, 검은깨로 눈을 붙여 줍니다.

TIP 그릇에 고래를 올리고 물줄기를 뿜는 것처럼 분수 모양의 밥을 올려요. 그 주위로 물방울과 물고기로 장식해 주세요.

◦ 굴비구이

재료

굴비 1마리, 올리브오일 조금

만드는 법

1. 굴비는 비늘과 지느러미를 제거하고 깨끗이 씻습니다.
2. 달군 팬에 오일을 두르고 굴비를 올려 노릇노릇하게 구워 줍니다.

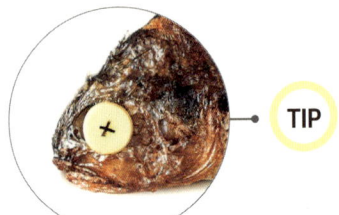

TIP 굴비의 눈 부위에 하얀 치즈로 눈을, 김을 X자로 붙여 눈동자를 만들어 주세요.

˚달걀말이

재료

달걀 2개, 당근·대파 조금씩, 소금·올리브오일 조금씩

만드는 법

1. 당근과 대파는 잘게 다집니다. 달걀에 당근과 대파, 소금을 조금 넣고 잘 풀어 팬에 오일을 두르고 달걀물을 반 정도 먼저 붓습니다. 윗면이 완전히 익기 전에 끝부터 말기 시작합니다. 한쪽으로 밀어 놓고 나머지 달걀물을 조금씩 부으면서 같이 말아 주세요.
2. ①의 달걀말이를 김발로 말아 동그랗게 모양을 잡은 후 먹기 좋게 썹니다.

Part 1
19
Cat
고양이

˚고양이

재료

밥 1공기, 굴소스 1/2큰술, 하얀 치즈, 김, 튀긴 소면, 애호박 껍실

만드는 법

1. 밥을 적당량 덜어 각각 랩으로 싸서 고양이 얼굴과 발을 만듭니다.
2. 고양이 얼굴과 귀에 굴소스를 살짝 발라 점박이 무늬를 만듭니다.
3. 김으로 눈과 코를, 하얀 치즈로 입을 만들어 붙이고, 튀긴 소면으로 수염을 만들어 얼굴에 꽂아 줍니다.
4. 애호박은 껍질만 깎아 물고기 모양으로 자르고, 김을 가늘게 잘라 X자로 붙여 눈을 만듭니다.
5. 고양이 발에 ④를 올립니다.

완성

느타리버섯 파프리카볶음

재료

느타리버섯 1줌, 피망 조금, 빨간 파프리카 조금, 노란 파프리카 조금, 올리브오일 1큰술, 굴소스 1큰술

만드는 법

1. 느타리버섯은 깨끗이 손질한 후 손으로 쭉쭉 찢어 놓습니다.

   TIP 느타리버섯을 20초 정도 끓는 물에 데쳤다가 볶으면 물기가 덜 생겨요.

2. 피망과 파프리카는 깨끗이 씻은 후 가운데 씨를 제거하고 길쭉하게 채 썰어 줍니다.
3. 팬에 오일을 두르고 센불에서 느타리버섯과 피망, 파프리카를 넣어 빠르게 볶습니다.
4. ③에 굴소스로 간을 하여 완성합니다.

표고버섯 파프리카볶음 만드는 방법과 같아요. 89쪽을 참고하세요. ^^

콩나물국

재료

콩나물 가득 1줌, 멸치육수 3컵, 다진 마늘 1작은술, 대파 1/3대,
소금 조금

만드는 법

1. 콩나물은 깨끗이 씻어 체에 받쳐 물기를 뺍니다.
2. 냄비에 멸치육수와 콩나물, 다진 마늘을 넣고 끓입니다.

TIP 이때 뚜껑을 열고 끓여 주세요. 콩 비린내가 나지 않아요.

3. 콩나물의 숨이 죽으면 송송 썬 대파를 넣고 소금으로 간합니다.

TIP 멸치육수가 없다면 생수를 넣어 끓이고
액젓이나 새우젓으로 간하면 맛있어요.

파인애플

파인애플

재료

밥 1공기, 삶은 달걀노른자, 참기름, 아스파라거스, 김, 슬라이스 햄

만드는 법

1. 밥에 삶은 달걀노른자와 참기름을 섞어 노란색 밥을 만듭니다.
2. 노란색 밥을 랩으로 싸서 통통한 타원형으로 만듭니다.
3. 아스파라거스는 끓는 물에 살짝 데친 다음 윗부분만 잘라서 준비합니다.
4. 김으로 눈과 입, 파인애플 무늬를 만들고, 슬라이스 햄으로 볼을 만들어 ②에 붙여 줍니다.
5. 그릇에 ③을 놓고 그 아래에 ④를 올려놓아 파인애플 모양을 만듭니다.

미역국

재료

미역 30g, 양지머리 100g, 국간장 1큰술, 참기름 1큰술, 물 5컵

만드는 법

1. 미역은 찬물에 10분가량 불려 줍니다.
2. 불린 미역을 손으로 바락바락 문질러 깨끗하게 씻은 후 먹기 좋은 크기로 자릅니다.
3. 양지머리는 한 입 크기로 썰어 찬물에 헹궈 핏물을 제거합니다.
4. 참기름을 두른 냄비에 양지머리를 넣고 달달 볶아 줍니다.
5. ④에 ②의 미역을 넣고 같이 볶다가 국간장으로 간을 합니다.
6. ⑤에 물을 붓고 센불에서 바글바글 끓인 후 중약불로 줄여서 푹 끓여 줍니다.

> **TIP** 미역이 부들부들해지고 국물이 뽀얗게 우러나면 완성이에요. 모자라는 간은 소금으로 해주세요. 맛이 부족하다 싶으면 다진 마늘을 조금 넣거나 물을 넣고 끓일 때 양파를 통으로 넣어 끓인 후 다 끓으면 빼내세요. 감칠맛 나는 미역국이 돼요.

· COOKING CLASS ·

PART 2

아이의 눈과 입을 즐겁게 할 캐릭터 식판식

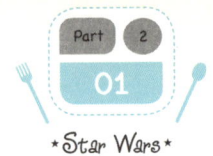

스타워즈

Star Wars

Part 2
01

스타워즈

재료

밥 1공기, 김, 하얀 치즈, 노란 치즈

만드는 법

로고 :

1. 종이에 스타워즈 로고를 원하는 크기로 그립니다.

   TIP 스타워즈 로고를 프린트해서 사용하면 편해요.

2. ①을 김 위에 올려 조각칼로 글씨를 팝니다.
3. ②를 노란 치즈에 올려 스타워즈 로고를 만듭니다.

만드는 법

다스 베이더 :

1. 밥 1/2공기를 랩으로 싸서 동그랗게 만듭니다.
2. 다스 베이더의 얼굴 모양으로 김을 잘라 줍니다.

TIP 밥 위에 김을 올리면 김이 수축되니 원하는 크기보다 조금 크게 잘라 주세요.

3. 하얀 치즈와 김으로 다스 베이더의 얼굴 부품을 만들어 ②에 붙입니다.
4. ①에 ③을 올려 다스 베이더를 완성합니다.

만드는 법

스톰트루퍼 :

1. 밥 1/2공기를 랩으로 싸서 동그랗게 모양을 잡은 다음 김으로 감싸 줍니다.

   TIP 이때 김의 테두리에 가위집을 넣으면 손쉽게 감쌀 수 있어요.

2. 하얀 치즈를 바늘로 잘라 스톰트루퍼의 얼굴 모양을 만들고, 김을 잘라 얼굴 부품을 만듭니다.
3. 얼굴 모양을 만든 치즈에 자른 얼굴 부품을 붙여 완성합니다.
4. ①에 ③을 올려 스톰트루퍼를 완성합니다.

111

∘소고기 가지볶음

재료

가지 1/2개, 양파 조금, 대파 조금, 다진 소고기 100g, 올리브오일 2큰술

양념장 : 다진 마늘 1작은술, 간장 1큰술, 굴소스 1큰술, 맛술 1/2큰술, 설탕 조금

만드는 법

1. 가지는 한 입 크기로 썰고, 대파와 양파는 작게 썰어 줍니다.
2. 다진 소고기는 키친타월에 올려 핏물을 제거합니다.
3. 다진 마늘, 간장, 굴소스, 맛술, 설탕을 골고루 섞어 양념장을 만든 후 다진 소고기에 넣어 잘 버무려 줍니다.
4. 오일을 두른 팬에 송송 썬 파를 넣고 파기름을 만듭니다.
5. ④에 가지와 양파를 넣고 노릇노릇하게 볶습니다.
6. ⑤는 따로 접시에 담아 두고, 가지와 양파를 볶은 팬에 다진 소고기를 넣고 볶습니다.
7. 다진 소고기를 볶다가 볶아 놓은 가지와 양파를 넣고 양념이 배도록 좀 더 볶아 줍니다.

Part 2 | 02
Bee & Flower

벌과 꽃

꿀벌

재료

밥 1/2공기, 삶은 달걀노른자, 참기름, 김, 하얀 치즈, 튀긴 소면, 슬라이스 햄

만드는 법

1. 밥 1/2공기에 삶은 달걀노른자와 참기름을 넣고 섞어 노란색 밥을 만듭니다.
2. ①의 밥을 두 덩이로 나눠 랩으로 싼 다음 동그랗게 얼굴과 몸통을 만듭니다.
3. 김으로 눈과 입을, 치즈로 날개를, 슬라이스 햄으로 볼을 만듭니다.
4. ②의 얼굴에 ③의 눈과 입, 볼을 붙입니다.
5. 김을 가늘고 길게 잘라 몸통에 2줄을 붙이고 튀긴 소면으로 더듬이와 다리를 만들어 붙여 줍니다. 하얀 치즈로 날개를 만들어 붙입니다.

래디시 꽃

재료

밥 1/2공기, 래디시 1개, 노란 파프리카 조금

만드는 법

래디시는 동글동글한 모양에 붉은색을 띤 무예요. 일반 무보다 상큼하고 청량한 맛이 특징이에요.

1. 밥 1/2공기를 랩으로 싼 다음 동그랗게 만듭니다.
2. 래디시는 얇게 썰고 노란 파프리카는 동그랗게 잘라요.
3. 밥 위에 래디시를 겹쳐 꽃잎처럼 올리고 가운데 노란 파프리카로 꽃술을 만듭니다.
4. ③을 랩에 싸 두면 래디시가 밥에 붙어 안정적인 꽃 모양이 돼요.

홍합탕

재료

홍합 1대접, 물 1/2컵, 맛술 1큰술, 다진 마늘 1/2작은술, 대파 조금, 소금 조금

만드는 법

뜨거운 물에 홍합을 넣으면 홍합이 입을 닫아 버려요.

1. 홍합은 찬물에 바락바락 씻어 지저분한 이물질과 족사를 제거한 후 다시 깨끗이 씻어 줍니다.
2. 냄비에 손질한 홍합, 다진 마늘, 맛술을 넣고 찬물을 부어 센불에서 팔팔 끓입니다.
3. 홍합이 입을 벌리면 송송 썬 대파를 넣고 소금으로 간합니다.

TIP 이때 생기는 거품은 숟가락으로 걷어내세요.

오리가족

Part 2
03
Duck Family

○오리가족

재료

밥 1공기, 청치자가루, 참기름, 초록 지단, 노란 지단, 하얀 지단, 검은깨, 당근

만드는 법

1. 밥 1공기에 청치자가루와 참기름을 넣고 고루 섞어 파란색 밥을 만든 후 그릇에 얇게 폅니다.
2. 초록 지단을 길쭉길쭉하게 잘라 수초를 만듭니다.
3. 하얀 지단은 조각칼로 잘라 엄마 오리와 날개를, 노란 지단은 새끼 오리들을 만듭니다.
4. ①에 ②를 올려 연못 모양을 만듭니다.
5. ④에 ③의 오리들을 올린 다음 검은깨로 눈을 만들어 오리에 붙입니다. 당근은 작게 잘라 부리를 만들어 붙입니다.

TIP 이때 엄마 오리의 눈은 검은깨를 세로로 붙이고, 새끼 오리들의 눈은 노란 지단에 박아서 동그랗게 보이게 만들어요.

두부강정

재료

두부 1/2모, 감자전분 조금

소스 : 케첩 2큰술, 간장 2큰술, 올리고당 2큰술, 맛술 1큰술, 다진 마늘 1/2큰술, 통깨·올리브오일 조금씩

만드는 법

1. 두부는 먹기 좋게 한 입 크기로 썰어 줍니다.
2. ①을 키친타월에 올려 물기를 빼 줍니다.
3. ②에 감자전분을 골고루 묻혀 튀김옷을 입힙니다.

TIP 이때 비닐봉지에 감자전분과 두부를 넣고 흔들어 주면 쉽게 전분을 묻힐 수 있어요.

4. 170~180℃ 기름에 ③을 넣고 노릇하게 튀겨냅니다.
5. 팬에 오일을 두르고 다진 마늘을 살짝 볶아 줍니다.
6. ⑤에 나머지 소스 재료를 모두 넣고 끓여 걸쭉하게 졸입니다.
7. 소스가 걸쭉해지면 튀긴 두부를 넣고 소스에 버무립니다.
8. 통깨를 뿌려 마무리합니다.

애호박새우볶음

재료

새우 8마리, 애호박 1/3개, 올리브오일 1큰술, 다진 마늘 1/2작은술, 굴소스 1큰술, 파슬리가루 조금

만드는 법

1. 새우는 머리와 껍질을 떼고 이쑤시개로 등 쪽의 내장을 뺀 후 깨끗이 씻습니다.
2. 애호박은 반달 모양으로 얇게 썰어 줍니다.

3. 팬에 오일을 두른 후 다진 마늘을 약불에서 볶아 마늘향을 냅니다.
4. ③에 애호박을 넣고 볶아 줍니다.
5. 애호박이 어느 정도 익으면 손질한 새우를 넣어 볶다가 굴소스로 간하여 빠르게 볶습니다.
6. ⑤에 파슬리가루를 뿌려 냅니다.

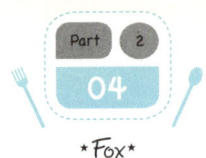

Part 2
04
Fox
여우

◦ 바지락찜

재료

바지락 1봉지(200g), 맛술 1큰술, 다진 마늘 1작은술, 버터 1/2큰술, 소금 조금

만드는 법

1. 바지락은 소금물에 담그고 검은 비닐봉지를 씌워 해감합니다.
2. 팬에 버터를 넣고 천천히 녹이다가 다진 마늘을 넣어 살짝 볶습니다.
3. 마늘향이 올라오면 손질한 바지락과 맛술을 넣고 잘 볶아 줍니다.
4. ③의 뚜껑을 덮고 바지락이 입을 벌릴 때까지 끓이다가 소금으로 간 하여 냅니다.

TIP 바지락이 익으면서 물이 나오기 때문에 물은 따로 넣지 않아도 괜찮아요. 파프리카, 고추, 쪽파 등을 썰어 올리면 알록달록 색감이 좋아요.

여우

재료

밥 1공기, 간 당근, 시금치즙, 참기름, 하얀 치즈, 김

만드는 법

1. 흰밥을 3등분한 후 한 덩이를 랩으로 싸서 여우의 얼굴을 만듭니다.
2. 다른 밥 한 덩이에 간 당근과 참기름을 넣고 섞어 주황색 밥을 만든 다음 여우의 꼬리와 귀, 얼굴 윗부분을 만듭니다.
3. 얼굴 윗부분은 주황색 밥을 랩으로 싸서 얇게 편 다음 동그란 틀로 잘라 모양을 만들어 줍니다.

TIP 동그란 틀이 없으면 칼로 자르거나 컵의 동그란 부분을 이용해도 좋아요.

4. ①의 얼굴에 ③의 주황 얼굴 윗부분을 붙이고 랩으로 싸서 꼭꼭 눌러 모양을 잘 잡아 줍니다.
5. 주황색 밥으로 꼬리를 만들고 하얀 치즈와 김을 잘라 꼬리 무늬를 만들어 붙인 후 랩으로 싸서 잘 고정시킵니다.
6. 하얀 치즈와 김으로 귀 안쪽 모양을 만들고 김으로 눈, 코를 만들어 붙입니다.
7. 남은 밥에 시금치즙과 참기름을 넣고 섞어 초록색 밥을 만든 다음 접시에 숲 느낌이 나게 펼치고 그 위에 여우를 올립니다.
8. 김으로 앞발 모양을 잘라 붙이면 완성입니다.

원숭이

Monkey

원숭이

재료

밥 1공기, 굴소스, 참기름, 김, 그린 빈스 1줄

만드는 법

1. 흰밥 조금을 랩으로 싼 다음 얇게 밀어 얼굴 모양과 귀 안쪽 부분을 만듭니다.
2. 남은 밥은 굴소스와 참기름을 넣고 고루 섞어 갈색 밥을 만들어 랩으로 싼 후 머리, 몸통과 다리, 귀, 팔, 꼬리를 만듭니다.
3. 김을 잘라 눈, 코, 입을 만들어 ①의 얼굴 모양에 붙인 다음 ②의 갈색 머리에 붙여 줍니다.
4. 머리에 귀를 붙이고 귀 안쪽에 흰밥을 올려 줍니다.
5. 몸통에 머리와 팔, 꼬리를 붙여 줍니다.
6. 원숭이를 올린 그릇에 그린 빈스를 놓고, 나무줄기에 매달린 듯 원숭이 꼬리로 그린 빈스를 한 바퀴 감아 줍니다.

Part 2 · 06

뽀로로

Pororo

함박스테이크

재료

간 소고기 500g, 간 돼지고기 500g, 양파 1개, 빵가루 1컵, 간장 1/3컵, 케첩 1/2컵, 식초 2큰술, 후춧가루 조금, 설탕 2큰술, 소금 1작은술, 굴소스 1큰술, 다진 마늘 2큰술

만드는 법

1. 소고기, 돼지고기를 키친타월에 올려 핏물을 뺍니다.
2. 양파는 껍질을 벗겨 잘게 다집니다.
3. 오일을 두른 팬에 양파를 넣고 중약불에서 충분히 볶아 줍니다.

TIP 이때 오일 대신 버터 1큰술을 넣고 볶으면 더 고소하고 깊은 맛을 낼 수 있어요.

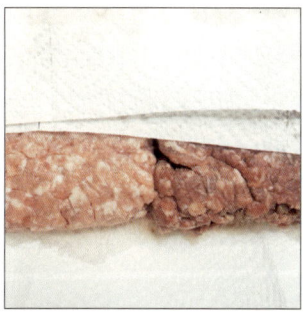  

4. ③의 양파가 노릇노릇 투명해지면 약불로 줄여서 타지 않게 계속 저어가며 양파의 수분이 다 날아가고 황금빛을 띨 때까지 볶아 줍니다.
5. ④를 완전히 식혀 줍니다.

TIP 양파를 완전히 식히지 않고 섞으면 고기가 상할 수 있어요!

6. 핏물을 제거한 고기와 볶아서 식힌 양파, 나머지 재료를 전부 넣고 손으로 잘 치대어가며 반죽합니다.

 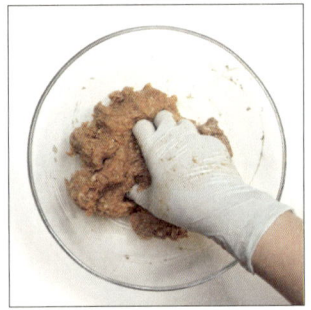 

7. ⑥을 적당한 크기로 분할해 동글 납작하게 빚습니다.

TIP 고기가 익으면서 가운데가 부풀고 잘 안 익기 때문에 가운뎃부분을 손가락으로 옴폭 파이게 만들어요.

고기 반죽을 한 입 크기로 빚어 미트볼로 만들어도 좋아요.

8. 오일을 두른 팬에 함박스테이크를 노릇노릇 구워 줍니다.
9. 하얀 치즈와 노란 치즈를 0.5cm 폭으로 길쭉하게 잘라 줍니다.
10. 함박스테이크에 ⑨를 격자무늬가 되도록 엇갈리게 올린 후 남은 열로 치즈를 살짝 녹여 줍니다.

TIP 이때 치즈가 녹지 않으면 함박스테이크에 올린 다음 팬의 뚜껑을 덮어서 살짝 열을 가해 주세요.

뽀로로와 패티

재료

밥 1공기, 단호박가루, 청치자가루, 자색고구마가루, 참기름, 김, 당근, 노란 치즈

뽀로로 모양의 연두부는 시중에 판매되고 있는 것으로 사서 동그랗게 눈모양으로 자른 김을 올려 줍니다.

만드는 법

뽀로로 :

1. 밥 1공기 중 절반을 떼어 동그란 얼굴 모양 2개를 만들어 랩에 싸 둡니다.
2. 남은 밥을 3등분하여 그중 한 덩이에 단호박가루와 참기름을 넣고 섞어 노란색 밥을 만든 다음 일부는 납작하게 펴서 모자를 만들고 일부는 얇게 말아서 모자의 챙 부분을 만듭니다.
3. 다른 밥 한 덩이에 청치자가루와 참기름을 넣고 섞어 파란색 밥을 만든 다음 얇게 펴서 칼로 잘라 뽀로로 모자의 띠 부분을 만듭니다.

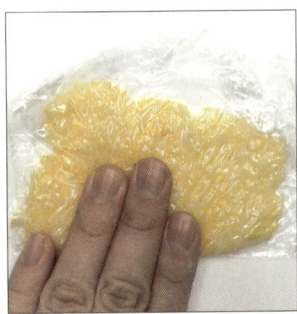  

4. ①의 흰밥에 ②의 모자를 붙인 후 ③의 파란색 모자 띠와 챙을 순서대로 붙여 줍니다.
5. 당근으로 안경과 입을, 김으로 눈과 입 모양을 만들어 붙입니다.
6. 바늘로 노란 치즈를 P자로 잘라 모자의 윗부분에 붙여 줍니다.

  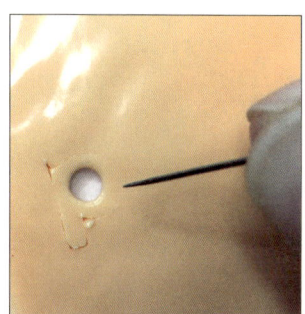

만드는 법

패티 :

7. 남은 밥에 자색고구마가루와 참기름을 섞어 보라색 밥을 만든 다음 얇게 펴서 모자를 만듭니다. ①의 흰밥에 씌워 줍니다.
8. ③의 남은 파란색 밥으로 패티의 머리카락을 만들어 붙입니다.
9. 김으로 눈과 입 모양을, 당근으로 입을 만들어 얼굴에 붙입니다.

플라밍고

재료

밥 1공기, 비트가루, 참기름, 분홍 소면, 노란 지단, 김

만드는 법

인터넷에 '오색 소면'을 검색하면 여러 쇼핑몰에서 판매되는데, 다양한 색상의 소면이 들어 있어요.

1. 밥 1공기에 비트가루와 참기름을 넣고 고루 섞어 분홍색 밥을 만듭니다.
2. ①을 랩으로 싼 다음 플라밍고 모양을 만듭니다.
3. 김을 잘라 부리와 눈, 눈썹을 만듭니다.
4. 노란 지단을 잘라 날개를 만듭니다.
5. 끓는 물에 분홍 소면을 삶아 다리를 만듭니다.
6. ②에 부리, 눈, 눈썹, 다리를 붙입니다.

분홍 소면이 없다면 하얀 소면을 삶을 때 물에 비트가루를 넣고 삶으면 분홍 소면을 만들 수 있어요.^^

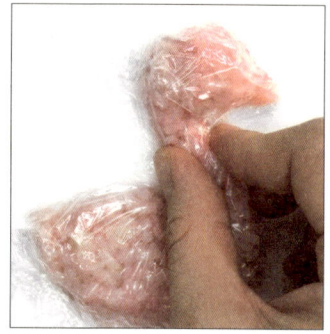

삼치강정

재료

삼치 1/2마리, 감자전분·올리브오일 조금씩

소스 : 다진 마늘 1작은술, 맛술 1큰술, 굴소스 1큰술, 올리고당 1큰술,
생강가루·후춧가루 조금씩, 물 2큰술

만드는 법

1. 삼치는 깨끗이 씻은 후 먹기 좋은 크기로 토막을 냅니다.
2. ①에 감자전분을 골고루 묻힌 후 오일을 넉넉히 두른 팬에 넣어 노릇노릇하게 튀기듯 구워 줍니다.
3. 소스 재료를 모두 섞어 팬에 넣고 끓이다가 튀긴 삼치를 넣습니다. 소스가 삼치에 쏙 배도록 졸이듯 끓입니다.

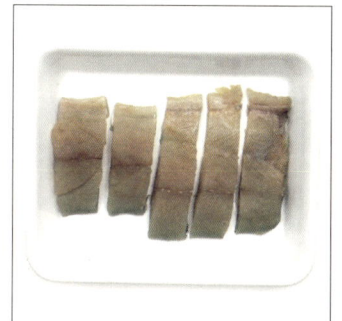

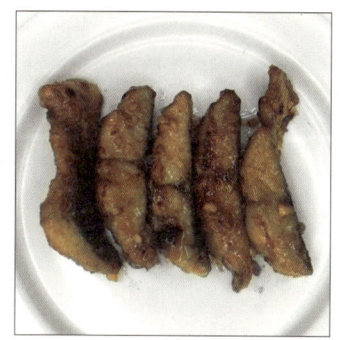

1	2
3	4
5	6

무나물

재료

무(두께 5cm) 1/2토막, 다진 마늘 1/2작은술, 대파 조금, 소금 조금, 들기름 2큰술, 물 1/3컵

만드는 법

1. 무는 껍질을 필러로 벗긴 후 조금 굵게 채 썰고, 대파는 얇게 어슷썰기 합니다.
2. 들기름을 두른 팬에 무를 넣고 볶아 줍니다.
3. 무가 숨이 죽으면 물을 넣고 뚜껑을 덮은 후 무를 푹 익힙니다.
4. 무가 부드럽게 익으면 다진 마늘과 대파를 넣고 소금으로 간합니다.

물 대신 멸치육수를 넣으면 더 풍부한 맛을 낼 수 있어요. 들깨가루를 추가해 깊고 고소한 맛을 낼 수도 있어요.

Bus Tayo

Part 2
08

타요버스

타요버스

재료

밥 1공기, 단호박가루, 청치자가루, 참기름, 김, 하얀 치즈, 노란 치즈, 마요네즈, 가지 껍질

만드는 법

1. 밥 1/2공기에 단호박가루와 참기름을 넣고 섞어 노란색 밥을 만듭니다.
2. 남은 밥에 청치자가루와 참기름을 넣고 섞어 파란색 밥을 만듭니다.
3. ①과 ②의 밥을 랩으로 싸서 네모 모양으로 만듭니다.

 **TIP** 이때 자를 이용해 눌러가며 각을 잡으면 쉽게 모양을 낼 수 있어요.

4. 버스 위에 올릴 직사각형도 같은 방법으로 만듭니다.
5. 하얀 치즈로 창문, 눈, 코, 입, 장식물을 만들고, 노란 치즈로 깜빡이를 만듭니다.
6. 김을 잘라 눈동자, 눈썹, 장식물을 만듭니다.
7. 가지 껍질을 잘라서 바퀴 모양을 만들어 줍니다.
8. 버스 모양의 밥 위에 치즈와 김을 붙여 라니와 타요를 만들어 줍니다.
9. 종이포일을 고깔 모양으로 만 다음 그 안에 마요네즈를 넣고 고깔의 앞부분을 조금만 잘라 버스의 번호를 짜 줍니다.

전복버터구이

재료

전복 2마리, 버터 1큰술, 다진 마늘 1작은술, 소금·파슬리가루 조금씩

만드는 법

1. 전복은 깨끗이 손질한 후 사선으로 칼집을 냅니다.
2. 팬에 버터를 넣고 약불에서 천천히 녹이다가 다진 마늘을 넣어 볶습니다.
3. 마늘향이 올라오면 전복을 넣고 소금을 조금 뿌린 후 중약불에서 마늘버터가 코팅되게 굴려가며 노릇노릇하게 구워 줍니다.
4. ③에 파슬리가루를 솔솔 뿌립니다.

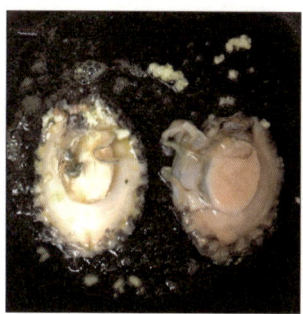

유니콘

Unicorn

유니콘

재료

밥 1과 1/2공기, 삶은 달걀노른자, 청치자가루, 비트가루, 자색고구마가루, 김, 맛살, 슬라이스 햄

만드는 법

1. 밥의 절반을 랩으로 싸서 유니콘 얼굴과 몸통, 귀 그리고 다리 2개를 만듭니다.
2. 나머지 밥에 삶은 달걀노른자, 청치자가루, 비트가루, 자색고구마가루와 참기름을 각각 넣고 섞어 노랑, 파랑, 분홍, 보라색 밥을 만든 다음 유니콘 갈퀴, 뿔, 날개, 말발굽을 만듭니다.

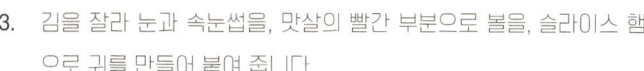

TIP 말발굽은 노란색 밥을 얇게 펴서 다리에 감싸 주면 돼요.

3. 김을 잘라 눈과 속눈썹을, 맛살의 빨간 부분으로 볼을, 슬라이스 햄으로 귀를 만들어 붙여 줍니다.
4. 길고 가늘게 자른 김은 뿔에 말아 주고, 날개에도 붙여 날개 모양을 장식합니다.
5. 유니콘에 뿔, 날개, 갈퀴를 붙여 완성합니다.

돈가스

재료

돼지고기 등심 1장, 소금·후춧가루 조금씩, 다진 마늘 1/2작은술, 달걀 1개, 밀가루·빵가루 조금씩, 튀김용 오일 적당량

만드는 법

1. 돼지고기를 고기 망치로 두드려 부드럽게 만든 다음 소금과 후춧가루, 다진 마늘로 밑간을 합니다.
2. ①에 밀가루 옷을 얇게 입힙니다.

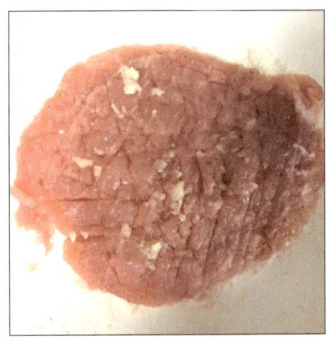 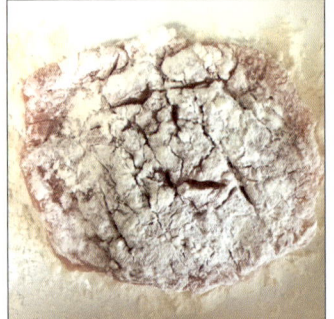

3. 달걀물에 ②를 넣어 골고루 적신 후 빵가루를 묻힙니다.

TIP 이때 마른 빵가루라면 분무기로 물을 뿌려 촉촉하게 한 후 사용하세요.

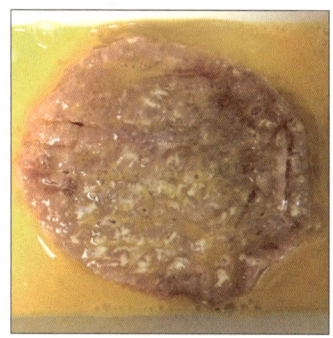 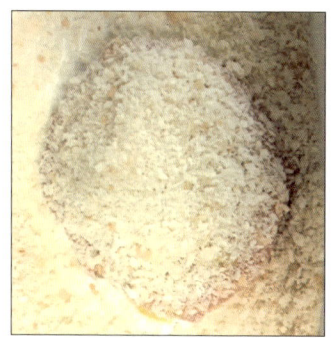

4. 기름에 튀김옷을 넣었을 때 보글보글 소리가 나고 튀김옷이 떠오르면 그때 ③을 넣고 황금색이 돌 때까지 튀깁니다.

Part 2
10
* Elephant *
# 코끼리

◦ 코끼리

재료

밥 1공기, 청치자가루, 단호박가루, 참기름, 노란 치즈, 하얀 치즈, 김, 슬라이스 햄

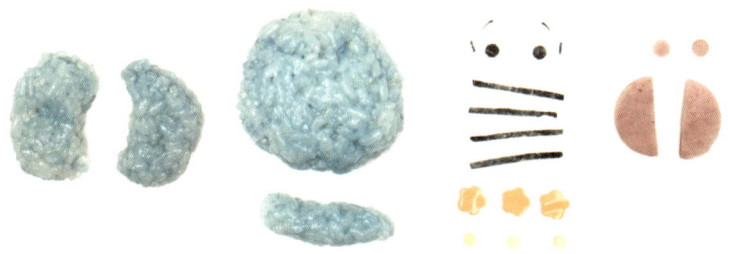

만드는 법

1. 밥 1/2공기에 청치자가루와 참기름을 넣고 섞어 파란색 밥을 만듭니다.
2. ①의 밥을 랩으로 싸서 코끼리의 얼굴과 코, 커다란 귀를 만듭니다.
3. 슬라이스 햄으로 귀 안쪽에 붙일 반달 모양과 볼을 만듭니다.
4. 김을 잘라 눈과 눈썹, 코의 주름을 만듭니다.
5. 노란 치즈로 꽃 모양을, 하얀 치즈로 꽃술을 만듭니다.
6. 얼굴에 귀와 코를 붙이고 ③, ④, ⑤를 붙여 코끼리를 완성합니다.
7. 밥 1/2공기에 단호박가루와 참기름을 넣고 섞어 노란색 밥을 만든 다음 위와 같은 방법으로 노란 코끼리도 만듭니다.

두부튀김

재료

두부 1/4모, 감자전분, 튀김용 오일, 소바간장(214쪽 참고), 간 무, 김가루, 쪽파

만드는 법

1. 두부 1/4모는 키친타월에 올려 물기를 뺍니다.
2. ①에 감자전분을 고루 묻힙니다.
3. 170~180℃로 달군 기름에 두부를 넣어 노릇하게 튀겨냅니다.

TIP 120쪽 두부강정과 만드는 방법이 같아요.

4. 튀긴 두부를 그릇에 담은 후 차가운 소바간장을 부어 줍니다.
5. ④에 곱게 간 무와 김가루, 송송 썬 쪽파를 올려 줍니다.

이 요리는 일본식 두부요리인 아게다시도후인데요. 소바간장에 바삭하게 튀긴 두부를 적시면 감칠맛이 정말 좋아요. 소바간장은 214쪽을 참고하세요.

Lion Wearing Hanbok

한복 입은 라이언

애호박전

재료

애호박 1/2개, 달걀 1개, 부침가루 2큰술, 소금·올리브오일 조금씩

만드는 법

1. 애호박은 깨끗이 씻어 0.5mm 두께로 일정하게 썰어 줍니다.
2. ①을 그릇에 펼쳐 놓고 그 위에 소금을 뿌려 잠시 재워 둡니다.
3. ②에서 수분이 나오면 키친타월로 눌러 수분을 제거합니다.
4. ③에 부침가루를 가볍게 묻힙니다.

5. 곱게 푼 달걀에 ④를 넣고 골고루 달걀옷을 입혀 줍니다.

6. 달군 팬에 오일을 넉넉히 두르고 ⑤를 노릇노릇하게 부칩니다.

동태전

재료

동태포 1팩(약 400g), 소금 조금, 달걀 2개, 부침가루·올리브오일 조금씩

만드는 법

1. 동태포에 소금을 뿌려 간한 후 키친타월로 눌러 수분을 제거합니다.
2. ①에 부침가루를 가볍게 묻힙니다.
3. 곱게 푼 달걀에 ②를 넣고 골고루 달걀옷을 입혀 줍니다.
4. 달군 팬에 오일을 넉넉히 두르고 ③을 노릇노릇하게 부칩니다.

새우전

재료

냉동 노바시새우 1팩(20마리), 달걀 1개, 부침가루·올리브오일 조금씩

만드는 법

1. 손질이 되어 있는 노바시새우를 찬물에 담가 녹인 후 키친타월로 눌러 물기를 뺍니다.
2. ①에 부침가루를 가볍게 묻힙니다.
3. 곱게 푼 달걀에 ②를 넣고 골고루 달걀옷을 입혀 줍니다.
4. 달군 팬에 오일을 넉넉히 두르고 ③을 노릇노릇하게 부칩니다.

한복 입은 라이언

재료

밥 1공기, 노란 치즈, 하얀 치즈, 김, 맛살, 초록 지단, 가지 껍질, 슬라이스 햄

만드는 법

1. 노란 치즈로 라이언의 얼굴, 귀, 복건 장식물을 만듭니다.
2. 하얀 치즈로 복건, 한복, 입 부분을 만듭니다.
3. 김을 잘라 눈썹, 눈, 한복 테두리를 만듭니다.
4. ②의 복건에 김을 덮어 복건 모양으로 김을 잘라 줍니다.
5. 슬라이스 햄으로 볼을, 가지 껍질로 코를, 맛살의 빨간 부분과 초록 지단으로 한복의 색동 무늬를 만듭니다.

 TIP 완성 사진에는 적양배추로 옷고름을 만들었어요.

6. 그릇에 흰밥을 평평하게 올리고 그 위에 재료들을 조합하여 한복 입은 라이언을 완성합니다.

Dinosaur

공룡

∘ 공룡

재료

밥 1공기, 시금치즙, 참기름, 초록 지단, 김, 하얀 치즈, 당근, 검은깨

만드는 법

1. 밥 1공기에 시금치즙과 참기름을 넣고 섞어 초록색 밥을 만든 다음 랩으로 싸서 머리, 몸통, 팔, 다리, 꼬리를 만듭니다.
2. 초록 지단을 삼각형으로 잘라 공룡의 갈퀴를 만듭니다.
3. 하얀 치즈로 눈과 이빨을, 김으로 눈동자와 입을, 당근으로 볼을 만듭니다.
4. 얼굴에 눈과 입, 이빨, 볼을 붙이고 검은깨로 콧구멍을 붙입니다.
5. 몸통에 머리, 팔, 다리, 꼬리를 붙이고 갈퀴를 붙여 공룡을 완성합니다.

시금치나물

재료

시금치 1단, 소금 조금, 국간장 1작은술, 참기름 1큰술, 통깨 1큰술, 다진 마늘 1/2작은술

만드는 법

통깨를 갈아서 사용하면 더 고소한 맛과 향이 나요.

1. 시금치는 꼭지를 손질한 후 깨끗이 씻습니다.
2. 끓는 물에 소금을 조금 넣고 시금치를 데친 후 찬물에 헹궈 물기를 꼭 짭니다.
3. 통깨를 미니 절구에 넣고 곱게 갈아 줍니다.
4. 볼에 모든 재료를 넣고 손으로 조물조물 무칩니다.

TIP 모자란 간은 소금으로 해주세요.

Part 2
13

Squirrel

다람쥐

◦ 다람쥐

재료

밥 1공기, 굴소스, 참기름, 김

만드는 법

1. 밥 1공기에 굴소스와 참기름을 넣고 섞어 갈색 밥을 만듭니다.
2. 갈색 밥을 랩으로 싸서 다람쥐의 얼굴, 귀, 꼬리를 만듭니다.
3. 김을 잘라 눈, 코, 입, 다람쥐 무늬를 만듭니다.
4. 얼굴에 귀를 붙이고 눈, 코, 입, 다람쥐 무늬를 붙입니다.
5. ④의 옆에 꼬리를 붙이고 김으로 다람쥐 줄무늬를 만들어 다람쥐를 완성합니다.

도토리

재료

도토리묵, 하얀 치즈, 김

만드는 법

1. 도토리 모양 쿠키커터로 도토리묵을 자릅니다.

   TIP 쿠키커터가 없으면 종이에 도토리 모양을 그린 후 그 모양을 대고 칼로 자르세요.

2. 하얀 치즈에 도토리 모양 쿠키커터를 대고 도토리 윗부분만 모양대로 잘라 줍니다.
3. 김을 가늘게 잘라 도토리 무늬를 만듭니다.

 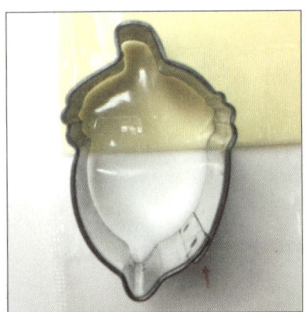 

도토리묵에 뿌려 먹는 간장은 마이멜로디소바의 소바간장(214쪽 참고)을 이용했어요.

◦ 오징어숙회

재료

오징어 1마리

소스 : 간장 1큰술, 참기름 1작은술, 식초 2~3방울, 통깨 1/2작은술

만드는 법

1. 오징어는 내장을 제거하고 깨끗이 씻어 줍니다.
2. 끓는 물에 ①을 넣고 하얀 오징어가 붉게 변할 때까지 익힙니다.

TIP 너무 오래 익히면 질겨지니 3분 이내로 데쳐 주세요.

3. 데친 오징어를 체에 밭쳐 물기를 뺀 다음 먹기 좋게 썰어 냅니다.

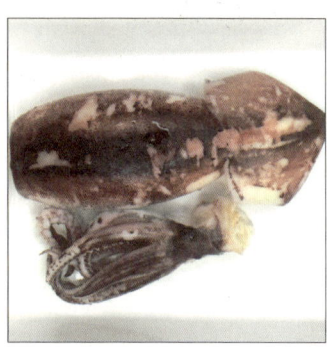

메리 포핀스

⚬메리 포핀스

재료

밥 1공기, 청치자가루, 참기름, 김

만드는 법

1. 밥 1공기에 청치자가루와 참기름을 넣고 고루 섞어 파란색 밥을 만듭니다.
2. 종이에 메리 포핀스 밑그림을 그린 후 김에 올려 조각칼로 모양대로 잘라냅니다.

3. 파란색 밥을 그릇에 평평하게 펼쳐 담습니다.
4. ③에 ②를 올립니다.

랍스터테일구이

재료

랍스터테일(랍스터의 꼬리) 1개, 올리브오일·버터 조금씩

만드는 법

1. 랍스터테일은 배 쪽의 다리와 껍질을 제거하고 깨끗하게 씻어 줍니다.
2. 팬에 올리브오일과 버터를 두르고 버터가 녹으면 랍스터테일을 올려 센불에서 구워 줍니다.

TIP 버터만 넣으면 쉽게 타기 때문에 올리브오일과 버터를 함께 넣어서 구우세요.

3. 팬의 뚜껑을 덮고 껍질이 빨갛게 변하고 랍스터 살이 다 익을 때까지 굽습니다.

크리스마스

크리스마스

재료

밥 1과 1/2공기, 굴소스, 참기름, 김, 하얀 치즈, 맛살, 슬라이스 햄,
방울토마토, 튀긴 푸실리, 검은깨, 당근

만드는 법

산타 :

1. 밥을 랩으로 싸서 산타 모양과 모자 방울을 만듭니다.
2. 슬라이스 햄을 반달 모양으로 잘라 산타 얼굴을, 김으로 눈을, 맛살의 빨간 부분으로 코를, 하얀 치즈로 동그란 수염을 만듭니다.
3. 산타 모양의 윗부분에 맛살의 빨간 부분을 세모 모양으로 넙적하게 붙이고 끝부분에 맛살의 흰 부분을 도톰하게 가로로 붙여 모자를 만든 후 랩으로 꼭 싸 둡니다.

TIP 랩으로 꽁꽁 싸 둬야 맛살과 밥이 잘 붙어요.

4. ③의 모자 바로 아래에 얼굴과 눈, 수염, 코를 붙이고, 모자 위에 방울을 달아 산타를 완성합니다.

만드는 법

루돌프 :

1. 밥에 굴소스와 참기름을 넣고 섞어 갈색 밥을 만듭니다.
2. 갈색 밥을 랩으로 싸서 루돌프 얼굴과 귀를 만듭니다.
3. 하얀 치즈로 눈을, 김으로 눈동자를, 방울토마토 끝부분을 잘라 코를, 튀긴 푸실리로 뿔을, 슬라이스 햄으로 볼을 만들어 ②의 얼굴에 붙여 루돌프를 완성합니다.

만드는 법

눈사람 :

1. 하얀 치즈를 동그랗게 잘라 눈사람 얼굴을 만듭니다.
2. 김으로 눈을, 당근으로 코를, 검은깨로 입을 만들어 붙여 눈사람 얼굴을 완성합니다.

눈사람 만드는 법은 255쪽을 참고하세요. 핀셋을 이용해 검은깨로 웃는 표정을 만들어 보세요.

닭봉튀김

재료

닭봉 6개, 간장 1큰술, 맛술 1/2큰술, 다진 마늘 1작은술, 소금 조금, 감자전분 3큰술

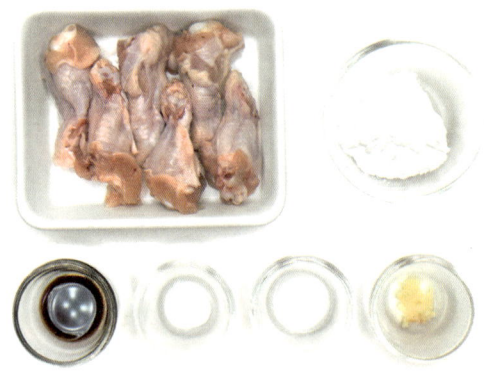

만드는 법

1. 닭봉은 깨끗하게 손질한 후 간장, 맛술, 다진 마늘에 잘 버무려 냉장고에서 30분 이상 숙성시킵니다.

   TIP 간간하게 먹고 싶다면 닭을 손질한 후 소금으로 밑간을 조금 해주세요.

2. ①에 감자전분을 골고루 묻힙니다.

TIP 비닐봉지에 닭봉과 감자전분을 넣고 흔들어 주면 쉽게 묻힐 수 있어요.

3. 약 170℃의 기름에 ②를 넣고 노릇노릇하게 튀깁니다.

TIP 두 번 튀기면 더 바삭바삭해요.

· COOKING CLASS ·

PART 3

한 그릇 뚝딱, 캐릭터 요리

태어난지 **627** 일

◦하트펭귄

재료

밥 1공기, 김, 당근, 빨간 파프리카

만드는 법

빨간 파프리카 대신 딸기를 사용해도 괜찮아요. 완성 사진에서는 딸기로 해봤어요.

1. 밥 1공기를 랩으로 싸서 아래쪽이 넓은 타원형을 만듭니다.
2. 원하는 펭귄 모양을 종이에 그린 후 ①의 밥보다 조금 크게 김을 잘라 중앙에 놓고 밑그림을 따라 칼로 자릅니다.
3. ②의 김 가장자리에 가위집을 내고 ①의 밥을 잘 감싼 후 랩으로 싸서 밥과 김을 잘 고정시킵니다.
4. 하트 모양으로 자른 빨간 파프리카를 ③의 펭귄 손 쪽에 올립니다.
5. 김으로 눈을, 당근으로 입을 만들어 붙여 펭귄을 완성합니다.

콩비지찌개

재료

무 1토막(약 50g), 간 돼지고기 50g, 콩비지 2컵, 들기름 2큰술, 새우젓 1/2큰술

만드는 법

1. 무는 껍질을 벗겨 가늘게 채 썰어 줍니다.
2. 들기름을 두른 팬에 채 썬 무와 돼지고기를 넣고 볶습니다.
3. ②에 새우젓을 넣고 같이 볶아 줍니다.

4. 무와 고기가 다 익으면 콩비지를 넣고 보글보글 짧게 끓여 줍니다.

TIP 콩비지를 끓일 때는 나무주걱으로 냄비 바닥을 잘 저어야 해요. 계속 젓지 않으면 바로 눌어붙어요. 너무 되직하면 물을 조금 넣어 농도를 조절해 주세요.

콩비지 찌개에 김치를 넣고 끓여도 맛있어요.

콩비지를 직접 만들려면…

1. 노란콩(백태) 1컵에 물 10컵을 넣고 6시간 이상 푹 불립니다.

TIP 콩의 주름이 다 펴지면 완전히 불은 거예요.

2. 콩과 불린 물을 모두 믹서에 넣고 곱게 갈면 완성!

Kung Fu Panda

쿵푸팬더

쿵푸팬더

재료

밥 1공기, 김, 하얀 치즈

만드는 법

1. 밥 1공기를 랩으로 싼 다음 귀 2개, 코, 얼굴 모양을 잡아 줍니다.
2. 귀를 둥글게 만들어 귀보다 크게 자른 김으로 완전히 감싸 줍니다.
3. 하얀 치즈로 눈을, 김으로 눈동자를 만듭니다.
4. 김을 잘라 팬더 눈 부분의 검정 점박이와 코, 입, 수염을 만듭니다.
5. 얼굴에 팬더의 점박이를 붙인 후 밥으로 만든 코 부분에 코, 입, 수염을 붙여 올려 줍니다.
6. 얼굴에 귀를 붙여 완성합니다.

카레

재료

카레 100g, 물 1과 1/2컵, 양파 1개, 당근 1/3개, 애호박 1/5개, 감자 1개, 소고기 60g, 올리브오일 1큰술

만드는 법

마지막에 우유나 생크림을 조금 넣고 끓이면 고소하고 맛있는 카레가 돼요.

1. 감자, 당근, 애호박, 양파는 깨끗이 씻은 후 잘게 다지듯 썰어 줍니다.
2. 달군 팬에 오일을 두르고 먼저 잘게 썬 양파를 볶아 줍니다.
3. 양파가 황금빛을 띠면 당근, 감자, 애호박 순으로 넣어 달달 볶아 줍니다.
4. ③에 소고기를 넣고 볶습니다.
5. 채소와 고기가 적당히 익으면 물을 붓고 채소가 푹 익을 때까지 끓입니다.
6. 채소가 익으면 카레가루를 넣고 한소끔 더 저어가며 끓입니다.

185

Rabbit Donut

토끼도넛

토끼도넛

재료

밥 1공기, 슬라이스 햄, 김

만드는 법

1. 도넛 틀에 랩을 깔고 밥을 담아 손으로 살살 눌러 링 모양 밥을 만듭니다.
2. 남은 밥은 랩으로 싼 다음 귀 모양 2개를 만듭니다.
3. 김을 잘라 눈, 코, 입을, 슬라이스 햄으로 귀 안쪽 부분을 만듭니다.
4. ①에 눈, 코, 입, 귀를 붙여 줍니다.

짜장

재료

짜장가루 40g, 당근 1/3개, 애호박 조금, 양배추 조금, 양파 1/2개, 감자 1개, 간 소고기 100g, 다진 마늘 1/2작은술, 물 1과 1/2컵, 올리브오일 적당량

만드는 법

1. 애호박, 당근, 양배추, 양파, 감자는 깨끗이 손질한 후 모두 작게 다지듯 썰어 줍니다.
2. 간 소고기는 키친타월에 싸서 꾹꾹 눌러 핏물을 뺍니다.
3. 오일을 두른 냄비에 다진 마늘을 넣고 살짝 볶습니다.
4. ③에 다진 채소를 모두 넣고 볶다가 ②의 소고기도 넣어 잘 볶아 줍니다.
5. ④에 물을 붓고 채소와 고기가 익을 때까지 푹 끓인 후 짜장가루를 조금씩 넣어 풀어가며 끓입니다.
6. 걸쭉하게 끓으면 완성입니다.

Part 3 04

Golf Course

골프장

소고기볶음밥

재료

밥 1공기, 간 소고기 50g, 대파 1/2대, 애호박·당근·양파·파프리카 조금씩, 올리브오일 조금, 소금 1/3작은술, 후춧가루 조금, 굴소스 1큰술

만드는 법

1. 대파는 송송 썰고 나머지 채소는 모두 잘게 다져서 준비합니다.
2. 간 소고기는 키친타월에 올려 꾹꾹 눌러 핏물을 뺀 다음 소금과 후춧가루를 뿌려 간합니다.
3. 오일을 두른 팬에 먼저 대파를 볶아 파기름을 만듭니다.
4. ③에 다진 채소를 모두 넣고 달달 볶아 줍니다.
5. ④에 소고기와 굴소스를 넣고 고루 섞어가며 볶습니다.
6. 다른 팬에 오일을 조금 두르고 밥을 코팅하듯이 한번 볶은 다음 ⑤를 넣어 고루 섞어 줍니다.

골프장

재료

초록 지단, 빨간 파프리카, 튀긴 스파게티면, 가지 껍질, 참깨

만드는 법

1. 골프장 모양으로 자른 종이를 초록 지단 위에 올려 밑그림대로 자릅니다.
2. 빨간 파프리카를 삼각형으로 잘라 깃발을, 스파게티면을 튀겨 깃발 봉으로, 가지 껍질을 둥글게 잘라 홀을 만듭니다.
3. 그릇에 소고기볶음밥을 펼쳐 담고 ①을 올립니다.
4. ③에 ②를 올려 골프장 모양을 만듭니다.
5. 밥알을 뭉쳐 공을 만들고 밥 옆으로 참깨를 올려 공이 굴러가는 모습을 표현합니다.

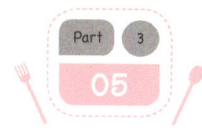

Part 3
05
Lego
레고

레고불고기덮밥

재료

밥 1공기, 불고기(75쪽 참고), 노란·빨간 파프리카 조금씩, 피망 조금, 레고 로고

만드는 법

1. 팬에 불고기와 파프리카, 피망을 잘게 썰어 넣고 같이 볶습니다.

   TIP 덮밥용이므로 중약불에 은근하게 볶아 국물이 나오도록 해주세요.

2. 그릇에 밥을 담고 밥 둘레에 ①을 올려요.
3. 밥 한가운데 레고 로고를 올립니다.

불고기 레시피는 아스파라거스나무에 있어요. 75쪽을 참고하세요. ^^

레고 로고

재료

하얀 치즈, 노란 치즈, 김, 맛살

만드는 법

1. 하얀 치즈를 바늘로 콕콕 찔러 레고 모양으로 자릅니다.
2. 김 위에 ①을 올리고 조각칼로 글자 테두리를 자릅니다.
3. ②를 노란 치즈에 올리고 테두리를 바늘로 잘라냅니다.
4. 맛살의 빨간 부분만 떼어 직사각형으로 납작하게 썬 다음 ③을 올립니다.

피카츄

피카츄

재료

스파게티면 1인분, 토마토소스, 김, 달걀 1개, 노란 치즈, 하얀 치즈, 당근

만드는 법

1. 반숙으로 달걀프라이를 합니다.
2. ①을 동그란 틀로 잘라 가장자리를 깔끔하게 정리합니다.

TIP 틀이 없다면 컵을 대고 지저분한 가장자리를 칼로 자르세요.

3. 노란 치즈로 귀를, 김으로 눈과 코, 입, 귀 끝부분을, 당근으로 볼을, 하얀 치즈로 눈동자를 만듭니다.
4. ②에 ③을 올려 피카츄 얼굴을 만듭니다.

5. 그릇 아래쪽에 삶은 스파게티면을 담고 위쪽에 토마토소스를 붓습니다.
6. 면과 소스가 맞닿는 부분에 길게 자른 김을 가로로 올립니다.
7. 그릇 한가운데 ④의 피카츄 얼굴을 올립니다.

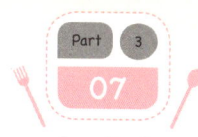

Lion Noodle

사자국수

간장국수

재료

소면 50g, 간장 1/2큰술, 참기름 1작은술, 설탕 1작은술, 통깨 적당량

만드는 법

1. 끓는 물에 소면을 넣어 삶다가 포르르 끓어오르면 찬물을 2~3회 부어가며 면을 익힙니다.
2. 팔팔 끓으면 소면을 건져 찬물에 헹구고 체에 밭쳐 물기를 뺍니다.
3. 삶은 소면에 간장, 참기름, 설탕, 통깨를 넣고 고루 섞어 줍니다.

TIP 간이 부족하면 간장을 조금 더 넣어 주세요.

사자

재료

간장국수, 노란 지단, 김, 하얀 치즈

만드는 법

1. 지단을 부쳐서 가늘게 채 썰어 줍니다.
2. 간장국수를 그릇에 담습니다.
3. 그릇 가운데 동그란 틀을 올립니다.

TIP 틀이 없으면 컵을 올려도 좋아요.

4. ③의 동그란 틀 바깥쪽으로 ①의 지단을 올려서 사자 갈퀴를 표현합니다.
5. 김으로 눈, 코, 입, 귀 안쪽을, 하얀 치즈로 귀를 만들어 ④에 올려 사자를 완성합니다.

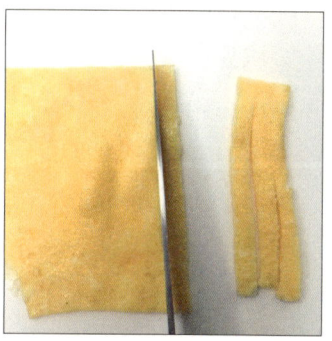

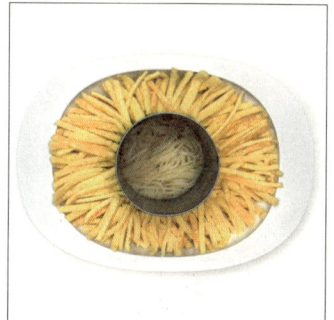

Sweet Pumpkin Pasta

단호박 파스타

단호박얼굴

재료

미니 밤호박, 하얀 치즈, 김, 빨간 파프리카

만드는 법

1. 찜기에 쪄낸 미니 밤호박의 윗부분을 칼로 자릅니다.
2. 숟가락으로 밤호박의 속을 파냅니다.
3. 속을 판 밤호박에 단호박파스타를 넣고 뚜껑을 올려 완성합니다.
4. 하얀 치즈로 눈을, 김으로 눈동자를, 빨간 파프리카로 입을 만들어서 밤호박 뚜껑에 붙입니다.

TIP 그릇에 담을 때 밤호박 밖으로 소스가 흘러넘쳐야 먹음직스러워요.

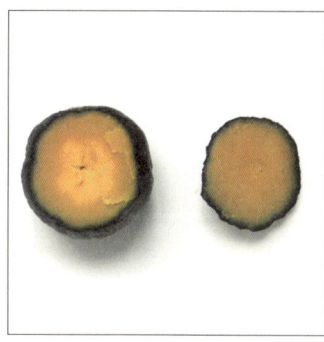

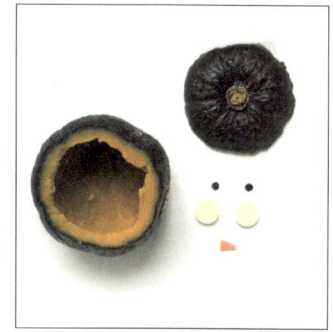

단호박파스타

재료

단호박 1/4개, 미니 밤호박 1개, 마늘 2쪽, 양파 1/2개, 베이컨 1줄,
스파게티면 1인분, 올리브오일 1큰술, 소금 조금, 우유 1/2컵, 생크림 1/2컵

만드는 법

1. 단호박은 껍질을 벗겨 깍둑썰기 한 다음 찜기에 쪄 줍니다.
2. 미니 밤호박은 껍질을 깨끗이 씻어 통째로 찜기에 쪄 줍니다.
3. 마늘은 얇게 편으로 썰고, 양파는 얇게 채 썰고, 베이컨은 한 입 크기로 썰어 줍니다.
4. 끓는 소금물에 스파게티면을 돌려 넣고 8~10분간 삶습니다.
5. 팬에 오일을 두르고 마늘을 먼저 볶아 마늘향을 냅니다.
6. 마늘이 노릇노릇해지면 양파와 베이컨을 넣고 볶습니다.
7. 찐 단호박과 미니 밤호박, 우유, 생크림을 넣고 핸드블렌더로 곱게 갈아 줍니다.
8. ⑥에 ⑦을 붓고 걸쭉해질 때까지 잘 저으며 끓입니다.
9. ⑧의 소스에 삶은 스파게티면을 넣고 고루 섞어 줍니다.

TIP 이때 슬라이스 치즈를 넣으면 더 걸쭉하고 고소한 맛을 낼 수 있어요.

Part 3　09

* Tigger *

티거

티거

재료

당근, 김, 슬라이스 햄, 하얀 치즈, 초록 지단

만드는 법

1. 당근의 굵은 쪽을 잘라 티거 얼굴을 만듭니다.
2. 당근을 모양깍지로 찍어 귀와 손을 만듭니다.

TIP 모양깍지는 짜는 주머니에 끼워 반죽이나 크림을 모양내 짜서 장식할 때 사용하는 홈베이킹 도구예요. 모양깍지가 없으면 아이들 물약 뚜껑을 사용해서 동그랗게 찍으세요.

3. 김을 잘라 눈, 눈썹, 수염을 만듭니다.
4. 슬라이스 햄으로 코를 만듭니다.
5. 하얀 치즈로 눈 부분, 코 부분, 귀 안쪽을 만듭니다.
6. 당근으로 만든 티거 얼굴에 ②~⑤를 올려 티거를 만듭니다.
7. 티거보다 큰 동그라미로 자른 초록 지단 위에 티거를 올리면 완성입니다.

수제비

재료

밀가루 1컵, 물 1/2컵, 바지락 1봉지(약 200g), 애호박 조금, 대파 조금, 다진 마늘 1/2작은술, 분량 외 물 3컵 정도, 소금 적당량

만드는 법

1. 바지락은 소금물에 담그고 검은 비닐봉지를 씌워 해감한 후 깨끗이 씻습니다.
2. 밀가루에 물 1/2컵을 붓고 손으로 치대어 반죽을 만듭니다.

TIP 반죽할 때 물을 한 번에 다 넣지 말고 반죽의 되기를 봐가며 양을 조절해 주세요.

3. ②를 잘 뭉쳐서 냉장고에서 30분 이상 숙성시킵니다.

> **TIP** 냉장고에서 반죽이 숙성되는 동안 글루텐이 형성되어 쫄깃쫄깃해져요.

4. 애호박은 반달 모양으로 썰고 대파는 송송 썰어 줍니다.
5. 냄비에 3컵 정도의 물을 부어 팔팔 끓인 후 애호박과 대파를 넣고 끓입니다.

> **TIP** 이때 물 대신 멸치육수를 사용하면 더 깊고 풍부한 맛을 낼 수 있어요.

6. ⑤에 ③을 손으로 얇게 떠서 넣고 끓입니다.

7. 반죽이 어느 정도 익으면 바지락을 넣고 바지락이 입을 벌릴 때까지 한소끔 끓입니다.
8. 소금으로 간하여 줍니다.

Part 3
10

My Melody Soba

마이멜로디 소바

마이멜로디소바

재료

하얀 소면, 분홍 소면, 쪽파, 하얀 치즈, 노란 치즈, 가지 껍질, 당근, 맛살, 무

만드는 법

1. 끓는 물에 소면을 넣어 삶다가 끓어오르면 2~3회 찬물을 부어가며 삶습니다. 다 익으면 소면을 건져 찬물에 헹군 다음 접시에 분홍 소면으로 토끼 모양을 잡은 후 하얀 소면으로 얼굴 모양을 잡습니다.

TIP 이때 손에 물을 묻힌 후 소면을 잡으면 손에 면이 들러붙지 않아요.

2. 가지 껍질로 눈을, 노란 치즈로 코를, 무로 손을, 맛살의 빨간 부분으로 볼을, 당근으로 꽃을, 하얀 치즈로 꽃술을 만듭니다.
3. 하얀 소면 위에 ②를 올려 얼굴을 만듭니다.
4. 쪽파를 송송 썰어 ③의 테두리에 둘러 줍니다.

분홍 소면이 없다면 하얀 소면을 삶을 때 물에 비트 가루를 넣고 삶으면 분홍 소면을 만들 수 있어요.^^

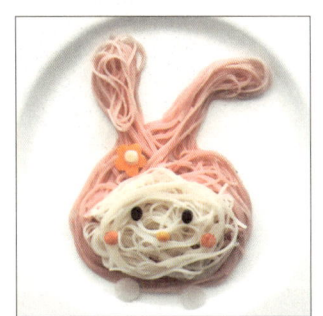

소바간장

재료

물 1컵, 다시마 1장, 간장 3큰술, 맛술 2큰술, 설탕 1작은술,
가쓰오부시 1줌

만드는 법

1. 찬물 1컵에 다시마를 넣고 한 시간 정도 불립니다.
2. 냄비에 ①과 나머지 재료를 모두 넣고 끓이다가 끓어오르면 다시마를 건져내고 약불에서 좀 더 끓여 줍니다.
3. 체에 밭쳐 국물만 거른 후 식히면 완성입니다.

소바장국

재료

소바간장, 얼음, 간 무, 쪽파

만드는 법

1. 무를 강판에 갈아 물기를 살짝 빼 둡니다.
2. 만들어 둔 소바간장에 얼음을 넣습니다.
3. 취향대로 간 무와 쪽파를 넣습니다.

TIP 어른이 먹을 땐 여기에 와사비를 추가하면 맛있어요.

PART 4

아이와 함께 만드는 캐릭터 베이킹 & 간식

HAPPY DAY

Part 4 - 01

Cookie & Brownie

쿠키와 브라우니

쿠키

재료

버터 75g
슈거파우더 50g
달걀 25g
박력분 120g
아몬드파우더 35g

준비

버터와 달걀은 실온에 두어 차갑지 않게 해주세요.
오븐은 160℃로 예열하세요.

만드는 법

1. 실온에 두어 말랑해진 버터를 주걱으로 부드럽게 풀어 줍니다.
2. 체에 내린 슈거파우더를 ①에 넣고 주걱으로 고루 섞어 주세요.

3. ②에 달걀을 조금씩 넣어가며 잘 섞습니다.

TIP 이때 달걀이 너무 차갑거나 한 번에 많이 넣으면
반죽이 분리될 수 있으니 조심하세요.

4. ③에 체에 내린 박력분과 아몬드파우더를 넣고 주걱으로 부드럽게 섞어 줍니다.

TIP 너무 오래 섞으면 박력분에 글루텐이 생겨서 쿠키가 딱딱해져요.
가루가 보이지 않을 만큼만 섞어 주세요.

5. ④를 비닐에 싸서 냉장고에서 1시간 이상 넣어 둡니다.

6. 냉장고에서 꺼낸 반죽을 5mm 두께로 밀어 쿠키커터로 찍어냅니다.
7. ⑥을 오븐팬에 올려 160℃로 예열한 오븐에서 15분가량 구워냅니다.

> **TIP** 오븐에 따라 온도와 시간은 달라져요. 가지고 있는 오븐에 맞춰서 조절하세요. 쿠키가 먹음직스럽게 노릇노릇해지면 완성이에요.

◦브라우니

재료	준비

버터 160g
다크초콜릿 175g
설탕 150g
달걀 135g
박력분 60g
아몬드파우더 40g
코코아파우더 20g
쿠키(221쪽 참고)

달걀과 버터는 실온에 두어 차갑지 않게 해주세요.
오븐을 180℃로 예열하세요.
사각 틀에 유산지를 깔아 주세요.

TIP 사각틀은 사각 2호틀(17x17cm)입니다.

만드는 법

1. 볼에 버터, 다크초콜릿, 설탕을 넣고 중탕으로 녹입니다.

2. ①의 버터와 초콜릿이 어느 정도 녹기 시작하면 거품기로 섞어 설탕을 녹입니다.
3. 중탕한 ②에 달걀을 넣고 거품기로 매끈하게 고루 섞습니다.
4. ③에 체 친 박력분, 아몬드파우더, 코코아파우더를 넣고 잘 섞습니다.

5. 유산지를 깐 사각 틀에 ④를 부은 후 위에 모양 쿠키를 올립니다.

TIP 221쪽 쿠키 레시피를 참고해 반죽을 3mm 두께로 밀어 만들어 주세요.

6. ⑤를 180℃로 예열한 오븐에서 25분가량 구워냅니다.

> **TIP** 가지고 있는 오븐에 따라 온도와 시간을 조절하세요.
> 적당히 구우면 폭폭하고 부드러운 브라우니가,
> 조금 덜 구우면 쫀득한 브라우니가 만들어져요.

7. 완전히 식힌 후에 자릅니다.

Part 4
02
* Madeleine *

마들렌

마들렌

재료

버터 70g
달걀 65g
설탕 65g
꿀 7g
박력분 50g
베이킹파우더 2g

준비

달걀은 실온에 두어 차갑지 않게 해주세요.
마들렌 틀에 붓으로 녹인 버터를 바르고 밀가루를 체에 내려 뿌려 주세요.
그래야 마들렌이 틀에서 깨끗하게 잘 떨어져요(버터, 밀가루는 분량 외).

만드는 법

1. 버터는 중탕으로 녹여서 준비합니다.
2. 볼에 달걀, 설탕, 꿀을 넣고 거품기로 고루 섞습니다.
3. 체 친 박력분과 베이킹파우더를 ②에 넣고 거품기로 가볍게 섞습니다.

4. ①의 버터가 식으면 ③에 넣고 반죽이 매끄럽게 섞일 때까지 거품기로 잘 섞습니다.

5. ④에 랩을 씌워 1시간 이상 냉장고에 넣어 둡니다.

TIP 이때 24시간을 넘기면 베이킹파우더가 제 역할을 못 해 반죽이 부풀지 않으니 주의하세요.

6. ⑤를 주걱으로 매끈하게 풀어 준 다음 짜는 주머니에 담아 마들렌 틀에 80% 정도 채웁니다.

TIP 틀에 반죽을 너무 가득 짜면 굽는 도중 부풀어 올라 틀에서 흘러넘칠 수 있어요.

7. 180℃로 예열한 오븐에서 13분가량 구워냅니다.

TIP 이쑤시개로 찔러 반죽이 묻어 나오지 않으면 잘 구워진 거예요.

마들렌은 프랑스의 대표적인 티 쿠키예요. 도톰한 가리비 모양도 예쁘지만 촉촉하고 부드러운 맛이 좋지요. 반죽에 레몬 껍질이나 바닐라에센스를 넣으면 상큼한 맛을 즐길 수 있어요. 바닐라에센스는 베이킹에 흔히 사용하는 향신 재료예요.

아이싱 만들기

___재료___

슈거파우더 5큰술, 달걀흰자 1/3개분, 레몬즙 조금, 식용색소

___만드는 법___

1. 슈거파우더에 달걀흰자를 넣고 거품기로 잘 풀어 줍니다.

  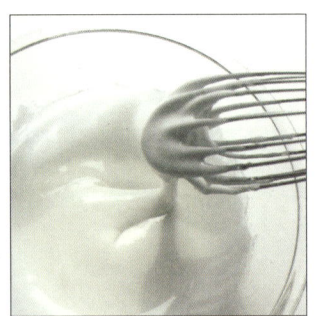

2. 레몬즙을 넣어서 아이싱의 농도를 조절합니다.

TIP 테두리나 그림을 그릴 때는 되직하게, 면을 채울 때는 묽게 만드세요.

3. 아이싱에 색소를 조금씩 넣으며 원하는 색을 만듭니다.
4. 비닐을 고깔 모양으로 만 다음 속에 아이싱을 채워서 준비합니다.

◦ 캐릭터 마들렌 만들기

만드는 법

스누피 :

1. 마들렌에 하얀색 아이싱으로 스누피의 얼굴을 만듭니다.

2. ①의 아이싱이 굳으면 검정색 색소를 넣고 섞은 아이싱으로 스누피의 눈, 코, 입, 귀를 그려서 완성합니다.

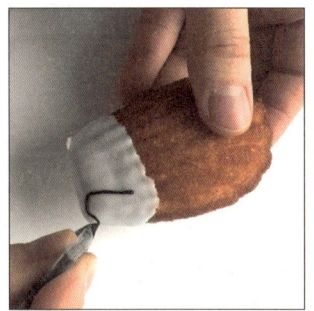 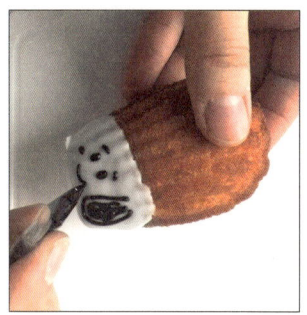

우드스탁 :

1. 마들렌에 노란색 아이싱으로 우드스탁의 얼굴을 만듭니다.
2. ①의 아이싱이 굳으면 검정색 색소를 넣고 섞은 아이싱으로 우드스탁의 눈, 입, 머리카락을 그려서 완성합니다.

얼굴쿠키

Face Cookie

Part 4 03

◦얼굴쿠키

재료	준비

쿠키(221쪽 참고)
코팅용 다크초콜릿

오븐을 160℃로 예열하세요.

만드는 법

1. 반죽을 5mm 두께로 밀어 원형 쿠키를 만듭니다.(221쪽 쿠키 레시피 참고)

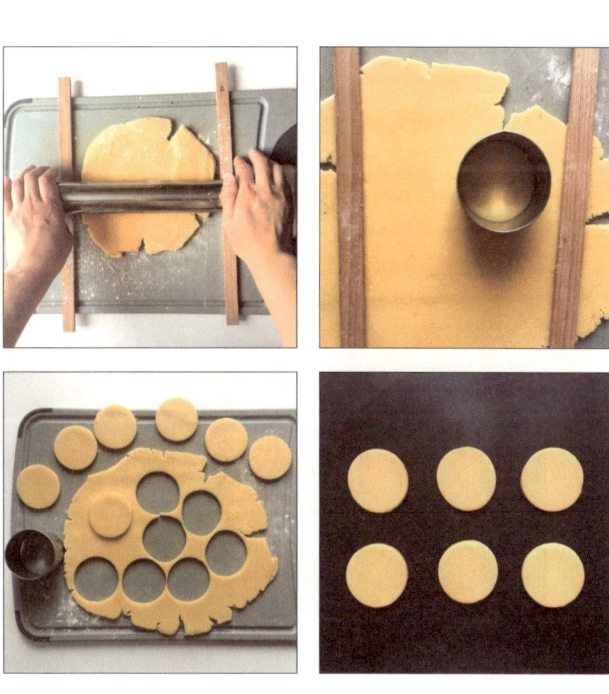

2. ①의 쿠키에 여러 가지 도구를 이용해 원하는 얼굴 표정을 만듭니다.

TIP 면봉으로 눈을, 고명 틀로 입이나 안경, 볼을, 집게의 뒷부분으로 코를 표현했어요. 원하는 도구로 다양한 얼굴을 만들어 보세요.

3. 오븐팬에 ②를 올리고 160℃ 오븐에서 15분가량 굽습니다.
4. 중탕으로 다크초콜릿을 녹인 후 ③의 쿠키를 다크초코릿에 살짝 찍어 머리카락을 표현합니다.

Part 4 · 04
Rudolf Cookie
루돌프쿠키

루돌프쿠키

재료

쿠키(221쪽 참고), m&m 빨간 초콜릿, 코팅용 다크초콜릿(초코펜을 사용해도 좋아요.)

만드는 법

1. 반죽을 5mm 두께로 밀어 원형 쿠키를 만듭니다.(221쪽 쿠키 레시피 참고)
2. 쿠키가 식으면 고깔 모양으로 접은 비닐에 중탕으로 녹인 초콜릿을 넣고 코 부분에 조금 짜 줍니다.
3. ② 위에 빨간 초콜릿을 올립니다.
4. ③에 녹인 초콜릿으로 눈과 뿔을 그려서 완성합니다.

Part 4 05

* Rainbow Yogurt *

무지개 요거트

무지개요거트

재료

식빵 3장, 노란 치즈, 어린잎채소, 김, 플레인요거트, 수박, 망고, 키위, 적양배추

만드는 법

1. 노란 치즈를 해, 달, 별 모양으로 잘라냅니다.
2. 김으로 눈, 눈썹, 입을 만들어 ①에 올립니다.
3. 식빵은 가장자리를 잘라냅니다. 접시에 어린잎채소를 담고 식빵 3개를 놓은 후 식빵 위에 ②를 올립니다.
4. 준비한 과일은 과일볼러로 동그랗게 파냅니다.
5. 적양배추는 동그란 모양 틀로 자릅니다.
6. 그릇에 플레인요거트를 담고 동그랗게 파낸 과일을 아치형으로 올려 무지개 모양을 완성합니다.

적양배추는 블루베리나 포도로 대체해도 좋아요.

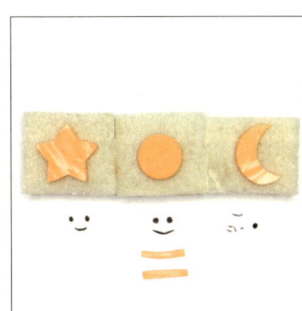
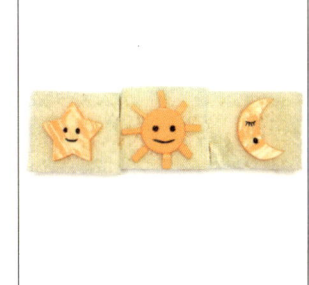
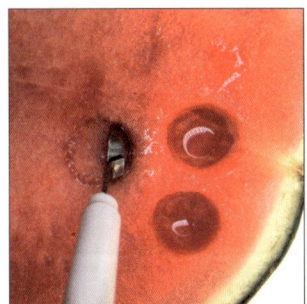

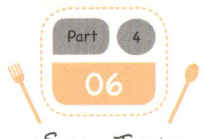

Snoopy Toast

스누피 토스트

스누피토스트

재료

식빵 1장, 달걀 1개, 맛살, 김, 검은깨, 슬라이스 햄

만드는 법

1. 식빵 가운데를 동그란 틀로 파냅니다.

TIP 틀이 없으면 컵으로 찍어서 파내도 돼요.

2. 김을 잘라 스누피 눈썹, 눈, 코, 귀를 만들고, 슬라이스 햄으로 볼을 만듭니다.
3. 검은깨로 우드스탁 눈을, 김으로 입과 머리카락을 만듭니다.
4. 팬에 ①의 구멍 뚫린 식빵을 올리고 구멍에 달걀을 깨 넣고 반숙으로 익혀 줍니다.

TIP 달걀프라이를 할 때 포크로 노른자를 가운데로 움직여 고정시켜 주세요.

5. 파낸 동그란 식빵에 ②로 스누피를 만들고, ③으로 달걀노른자에 우드스탁을 만듭니다.
6. 식빵의 윗부분에 스누피를 올려 토스트를 완성합니다.

큐브 과일

만드는 법

1. 과일을 가로, 세로, 높이가 같은 정육면체로 자릅니다(여기선 1.5cm 크기로 잘랐어요).

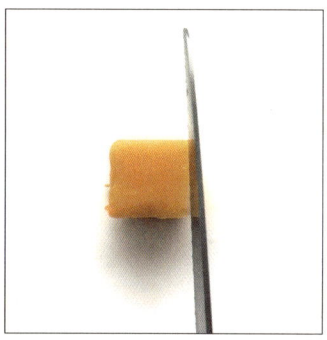

2. 색깔이 다른 4가지 과일을 돌려가며 올려 줍니다. 여기선 수박, 망고, 키위, 용과를 사용했어요.

Part 4

07

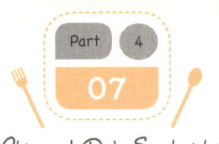

* Chip and Dale Sandwich *

칩 앤 데일 샌드위치

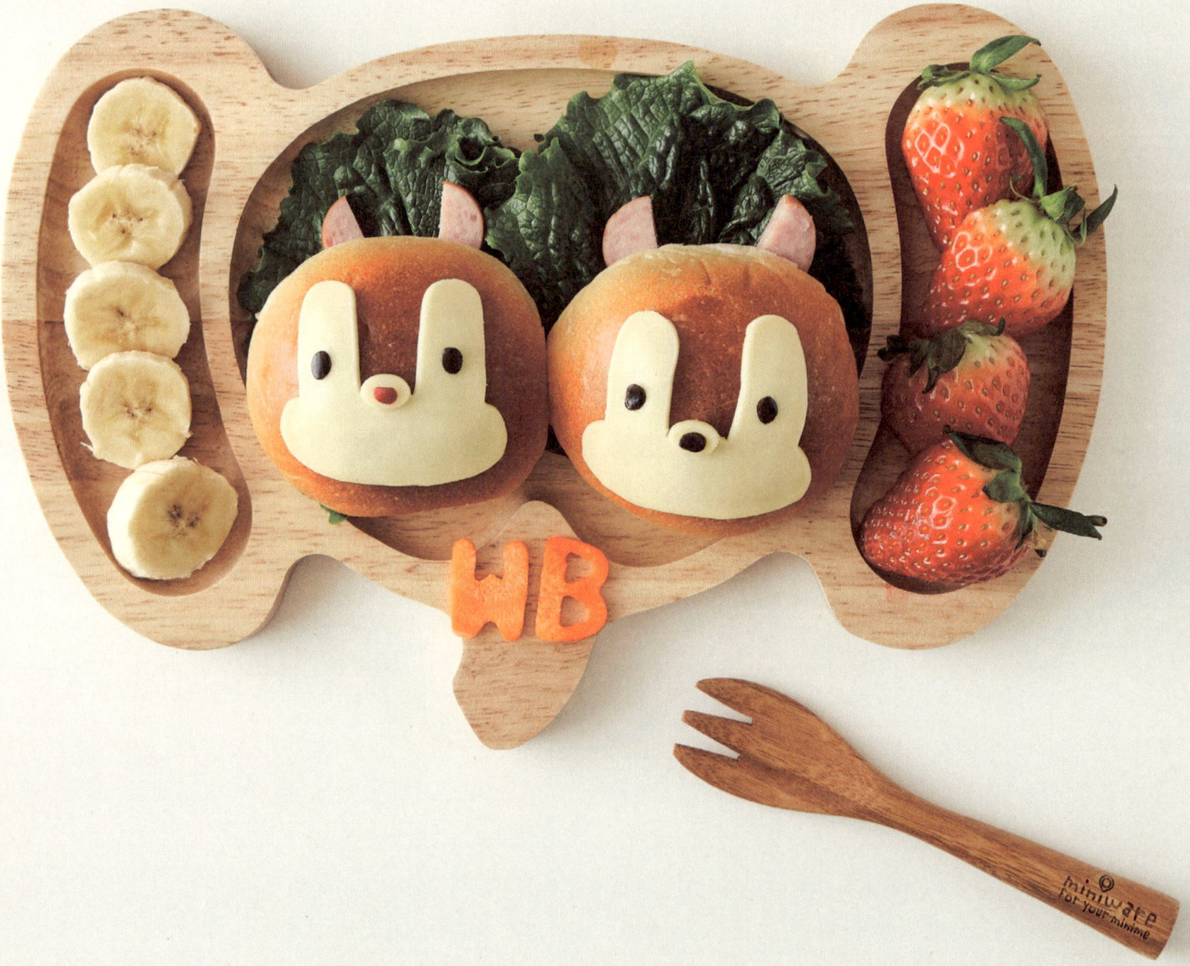

달걀샐러드

재료

달걀 3개, 마요네즈 3큰술, 머스터드 1/2큰술, 설탕 1/2큰술, 소금 조금

만드는 법

피클을 다져 넣으면 상큼한 맛을 즐길 수 있어요.

1. 달걀이 잠길 정도의 물에 소금을 넣고 끓이다가 팔팔 끓으면 달걀을 넣고 12분 정도 삶아 완숙으로 익혀 줍니다.
2. 흰자와 노른자를 분리합니다.
3. 흰자와 노른자는 칼로 잘게 다지듯 자릅니다.

TIP 이때 흰자는 더 굵게 자르고 노른자는 잘게 다져야 식감이 좋아요.

4. ③에 나머지 재료를 모두 넣고 고루 섞어요. 맛을 보고 소금으로 간을 맞춥니다.

칩 앤 데일 샌드위치

재료

모닝빵, 달걀샐러드, 하얀 치즈, 가지 껍질, 비트, 소시지

만드는 법

1. 모닝빵을 반으로 갈라 그 속에 달걀샐러드를 채웁니다.
2. 종이에 얼굴 모양을 그린 후 오려, 하얀 치즈에 밑그림을 대고 바늘로 자릅니다.
3. ①에 ②를 올려 줍니다.
4. 소시지를 반으로 잘라 귀를 만들고, 가지 껍질로 눈을 만들고, 치즈와 비트로 코를 만들어 올려 완성합니다.

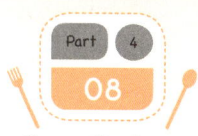

Sanrio Box Lunch

산리오 도시락

달걀말이김밥

재료

밥 1/2공기, 참기름, 김밥용 김, 달걀 2개, 소금·올리브오일 조금씩

만드는 법

1. 달걀에 소금을 조금 넣고 잘 풀어 달걀말이를 만듭니다.
2. 김발에 ①을 올려놓고 돌돌 말아 동그랗게 모양을 만듭니다.
3. 밥에 참기름과 소금을 넣고 고루 섞습니다.
4. 김밥용 김을 반으로 잘라 한 입 크기 김밥으로 만듭니다. 반으로 자른 김 위에 ③의 밥을 올려 얇게 펴 줍니다.
5. ④에 ②의 달걀말이를 올리고 김발로 잘 말아서 완성합니다.

딸기잼치즈롤샌드위치

재료

식빵, 노란 치즈, 딸기잼

만드는 법

1. 식빵의 테두리를 잘라내고 밀대로 밀어 평평하고 납작하게 만듭니다.
2. ①의 식빵에 딸기잼을 펴 바르고, 노란 치즈를 올린 후 돌돌 말아 줍니다.
3. ②를 단단하게 만 다음 랩으로 꼭 싸서 고정시킵니다.

◦산리오도시락

재료

달걀말이김밥, 딸기잼치즈롤샌드위치, 노란 치즈, 하얀 치즈, 슬라이스 햄, 맛살, 김, 초록 지단

만드는 법

1. 노란 치즈로 귀를, 김으로 모자, 눈, 코, 입을 만들어 달걀말이김밥에 올려 캐릭터김밥을 만듭니다.
2. 슬라이스 햄과 같은 크기로 자른 초록 지단에 딸기잼치즈롤샌드위치를 올려 돌돌 말고, 슬라이스 햄 위에도 딸기잼치즈롤샌드위치를 올려 돌돌 말아, 분홍색과 초록색의 롤샌드위치를 만들어 랩으로 잘 고정시킵니다.
3. 하얀 치즈로 얼굴과 꽃을, 노란 치즈로 꽃술과 코를, 맛살로 볼을, 김으로 눈을 만들어 분홍색 롤샌드위치에 올립니다. 이것의 이름은 마이멜로디샌드위치입니다.
4. 하얀 치즈로 눈을, 김으로 눈동자와 입을, 슬라이스 햄으로 볼을 만들어 초록색 롤샌드위치에 올립니다. 이것의 이름은 케로피샌드위치입니다.
5. 도시락 통에 상추를 깔고 김밥과 샌드위치를 예쁘게 담습니다.

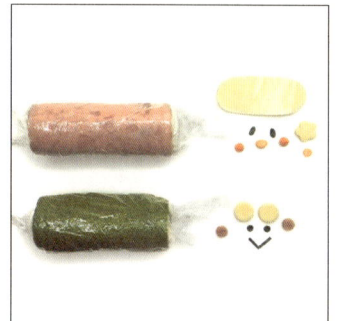

1	2
3	4
5	6

Part 4 — 09

Snowman

눈사람

∘ 눈사람

재료

하얀 치즈, 김, 당근, 검은깨

만드는 법

1. 하얀 치즈는 동그랗게 자릅니다.
2. 김으로 눈을, 당근으로 삼각형 코를 만듭니다.
3. 검은깨를 하나씩 올려 웃는 모양을 만듭니다.

브로콜리수프

재료

브로콜리 1송이, 감자 1개, 양파 1개, 체더 치즈 1장, 버터 1큰술, 밀가루 1큰술, 소금 조금, 치킨스톡 육수 1/2컵, 우유 1컵, 생크림 1컵

만드는 법

1. 브로콜리, 감자, 양파는 작게 썰어 줍니다.

   TIP 핸드블렌더로 갈아야 하므로 대충 썰면 돼요.

2. 팬에 버터를 넣어 천천히 녹인 후 양파를 넣고 황금빛이 돌 때까지 충분히 볶아 줍니다.
3. ②에 브로콜리와 감자를 넣고 볶습니다.
4. ③에 치킨스톡 육수를 넣고 채소를 푹 익힙니다.
5. 핸드블렌더에 ④와 우유를 넣고 곱게 갈아 줍니다.
6. 다른 팬에 버터를 녹인 후 밀가루를 넣어 루를 만들어요.
7. ⑥에 생크림을 넣고 잘 섞어가며 약불에서 뭉근하게 끓입니다.
8. 냄비에 ⑤와 ⑦을 함께 넣고 끓이다가 체더 치즈를 넣어 마무리합니다.

   TIP 맛을 보고 소금으로 간해요.

아이를 식탁으로 부르는

캐릭터
유아식판식

초판 1쇄 인쇄 2019년 8월 21일
초판 1쇄 발행 2019년 8월 28일

지은이 오수정
펴낸이 이범상
펴낸곳 (주)비전비엔피 · 이덴슬리벨

기획 편집 이경원 유지현 김승희 조은아 박주은
디자인 김은주 이상재 김혜림
마케팅 한상철 이성호 최은석
전자책 김성화 김희정 이병준
관리 이다정

주소 우)04034 서울시 마포구 잔다리로7길 12 (서교동)
전화 02)338-2411
팩스 02)338-2413
홈페이지 www.visionbp.co.kr
인스타그램 www.instagram.com/visioncorea
포스트 post.naver.com/visioncorea
이메일 visioncorea@naver.com
원고투고 editor@visionbp.co.kr

등록번호 제2009-000096호

ISBN 979-11-88053-67-4 13590

· 값은 뒤표지에 있습니다.
· 잘못된 책은 구입하신 서점에서 바꿔드립니다.

이 도서의 국립중앙도서관 출판예정도서목록(CIP)은 서지정보유통지원시스템 홈페이지(http://seoji.nl.go.kr)와 국가자료종합목록 구축시스템(http://kolis-net.nl.go.kr)에서 이용하실 수 있습니다. (CIP제어번호 : CIP2019030803)